KB074620

운명의 블랙박스

운명의
블랙박스

사 주 는 통 계 인 가

김희숙 지음

리즈앤북
ries & book

머리말

일요일 아침 아홉 시. 가방을 등에 멘 남자가 들어섰다. 예약한 시간을 정확히 맞추어 왔다. 서울에서 온 그는 처음 방문한 공간이 낯선 듯 긴장한 표정이다. 커피를 권해 본다. 블랙커피를 달라고 한다. 종이컵에 커피 몇 스푼과 뜨거운 물을 붓고, 내 것은 믹스커피로 준비한다. 책상을 사이에 두고 앉았다.

사주를 세운다. 아들이 태어난 해, 월, 일, 시를 불러준다. 출생년도를 만세력에서 찾는다. 뱀띠다. 올해 고3 학생이다. 네 개 중 한 개의 기둥이 세워졌다. 생월은 음력 9월 가을이다. 두 번째 기둥을 세웠다. 생일은 작은 흙의 날이고 저녁 시간에 태어났다. 종이 위에 네 개의 기둥이 모두 세워졌다. 사주 속 운명 지도가 그려졌다.

사주를 본다. 네 개의 기둥 중 세 번째 기둥의 하늘 기운부터 본다.

아들은 남자로 태어났으나 사주 기질은 여성성이 강하다. 선천 성품은 믿음직스럽다. 두 번째 기둥인 땅의 기운을 살핀다. 가을의 메마른 밭이다. 네 번째 기둥의 아래 기운을 본다. 역시 저녁 시간. 흙이 바싹 말랐다. 네 개의 기둥 여덟 글자를 동시에 읽는다. 가을 과수원에 해는 져서 어둠이 깔렸고, 과실나무에 열매가 풍성하다. 그러나 가을 가뭄이 든 밭이다. 사주는 한 폭의 풍경화를 완성한다.

사주를 듣는다. 아드님 사주는 총명하고 예술성이 많으며 창작활동이나 언어를 이용한 직업이 어울립니다. 조직생활은 어렵겠습니다. 세상살이에서 자신만의 규칙을 만들어가고자 합니다. 프리랜서 직업을 가질 수 있는 학과로 정하면 좋겠습니다. 올해 대학 합격운은 자신이 원하는 대학보다 한 단계 아래에서 이루어지겠습니다.

사주를 묻다. 아들이 PD직업을 원하는데 사주와 잘 맞겠네요. K대를 지원하고 싶어 하지만 경쟁률이 높아서 걱정입니다. 대학 레벨을 내리라 하셨는데 수도권 대학은 어떻습니까? 해외 대학은 어떻습니까? 자식이 아들 한 명뿐이라 모든 기대를 아들에게 걸고 있습니다. 아내는 아들 교육에만 매달립니다. 지금 중국에서 유학 중입니다. 중국에서만 학교생활을 해서 전혀 인맥이 없습니다. 앞으로 살아가려면 인맥이 필요하여 대학 교육은 국내에서 받게 하고 싶습니다.

사주가 답한다. J대 정도는 무난하리라 생각합니다. 인근 대학도 도전해 볼 가치는 있습니다. 차라리 해외 대학을 적극 권합니다. 아드님은 사람들이 모이는 곳에서 자신만의 기술과 자격증으로 충분히 능력 발휘를 할 수 있겠습니다. 다만 보이는 성공과 재물 성취는 강하지만 건강과 배우자 운은 부족할 것입니다. 밖으로 성장만 따라가지 말고, 안을 돌보는 명상을 하고, 잠을 충분히 자도록 하면 좋겠습니다.

사주에 공감하다. 지금 아들은 반대의 생활을 이어오고 있습니다. 낮보다 밤 시간에 공부하는 걸 좋아합니다. 낮 시간에는 기운이 없다 합니다. 돈을 많이 벌고 싶고, 유명한 사람도 되고 싶다고 합니다. 자신을 내세우는 일을 원합니다. 남에게 굽히기 싫어해서 조직생활은 어울리지 않을 것 같습니다. 살면서 건강과 배우자가 제일 중요한데, 그 두 가지가 부족하다니 또 걱정이 됩니다.

사주를 찾다. 인생에 만사형통은 없습니다. 아드님이 돈도 많이 벌고, 유명해지고, 건강도 지키고, 단란한 가정을 꾸리기에는 네 개의 기둥이 한쪽으로 기울어져 있습니다. 사주명리학에서 기본이 되는 이론이 음양과 오행입니다. 남자로 태어났으나 음의 성향을 더 갖고 있습니다. 다섯 가지 기운의 배합은 고루 갖추지 못했습니다. 네 개 기둥의 모습이 뜨거운 가을 과수원 흙입니다. 가을 가뭄이 든 밭입니다. 아드님의 사주는 돈과 성공만 좇지 말고 건강과 주위를 챙기면서 살아야 한다고 말하고 있습니다. 삶의 균형을 잡아야 합니다.

사주를 풀다. 부모 마음은 다 같은 마음이겠지요. 자식이 언제나 꽃길만 걸어가길 바라는 마음은 같지요. 자식은 돈, 성공, 건강, 가정이 모두 잘되길 바라게 됩니다. 사주를 본다는 것은 운명지도를 해석해 보는 행위입니다. 해석은 정보일 뿐입니다. 해석한 정보를 삶에 적용시켜야 합니다. 이미 태어난 운명지도를 바꿀 수는 없습니다. 운이라는 날씨가 들어서며 과수원의 풍경이 바뀔 뿐입니다. 그러나 타고난 명과 흐르는 운에만 삶을 맡겨둘 수는 없습니다. 네 개의 기둥 주인은 자신이 되어야 합니다. 네 개의 기둥을 명과 운에 맡기면 사주(四柱)가 되지만, 자신이 운전대를 잡으면 사주(思主)가 됩니다. 운명의 주인이 되려면 네 개의 기둥 안에 부족한 부분을 알아야 합니다. 그것이 시작입니다. 대부분의 사주는 기울어져 있습니다. 기울어진 사주를 스스로 세워야 합니다. 자신의 사주를 세우는 것은 운명의 주인이 되는 것입니다. 이것이 사주를 푸는 의미입니다.

상담을 마친 남자는 서울로 출발한다고 나간다. 일요일 아침을 아버지의 마음으로 시작했다. 대한민국 고3 부모는 자식의 대학 문제라면 서울에서 부산까지도 멀다 않고 움직인다. 자식에게 도움 줄 수 있다면 어떤 방법이든 찾아 나선다. 남자가 나간 문을 오래도록 쳐다본다. 그 아드님의 기울어진 사주를 온 마음으로 세워본다.

차례

2장 운명의 장난이라고?

3장 행복은 운명이 아니다

4장 운이 그대를 속일지라도

1장

◇◇◇◇◇

운이 풀리는 비밀

고2 사주를 만나다

“몇 학년이에요?”

“고2요.”

“평일인데 학교는?”

“개교기념일이요.”

“아하! 모처럼 노는 날인데 선생님 찾아왔네요!”

“딸이 자기 사주는 자기가 직접 보고 싶다고 졸라서 같이 왔어요.”

“그랬구나. 고3들은 스스로 오기도 하고 부모님과 같이 오기도 하는데 고2는 처음이네요. 반가워요. 오늘은 특별히 상담이 아니라 사주를 분석해 볼게요. 칠판에 학생의 사주를 적어놓고 이야기해 볼게요.”

“네.”

“자, 이것이 사주라는 거예요. 사주란 태어난 년, 월, 일, 시 이렇게 네 개의 기둥을 사주라고 해요. 그리고 위에 네 글자, 아래에 네 글자를 합쳐서 팔자라고 해요."

"아하!"

"아무것도 아니죠? 자, 달력을 봐요. 일요일, 월요일할 때 日, 月은 양과 음을 나타내요. 그 뒤의 화, 수, 목, 금, 토는 지구에서 육안으로 보이는 다섯 가지 별을 나타내요. 태양계 위성들 학교에서 열심히 외웠죠? 이 다섯 가지 별을 오행이라고 해요. 결국 우리가 매일 보는 달력은 음양, 오행을 나타내고 있어요."

"신기해요!"

"사주는 음양을 구분하고, 다섯 가지 기운 중에 어떤 별의 기운을 나타내는가를 보는 거예요. 학생은 커다란 쇠(金)의 기운을 받았다고 생각하면 되요. 그 주변 글자들도 별의 기운으로 바꿔보면, 커다란 물(水) 2개, 작은 물(水) 1개, 작은 불(火) 1개, 큰 나무(木) 1개, 큰 쇠(金) 1개가 더 있고, 작은 흙(土)이 1개 있어요. 다섯 가지 기운이 골고루 있죠? 이렇게 다섯 가지 기운이 골고루 있으면 일단 사주가 좋다고 해요. 어때요?"

"어디 가도 딸 사주가 좋다고 하던데 딸이 그동안 우울해하고 자존감도 낮아서요."

"꿈이 뭐예요?"

"없어요."

"하고 싶은 건 있어요? 좋아하는 거?"

"없어요."

"잘하는 것은 뭐예요?"

"없어요."

"못하는 것은 뭐예요?"

"아주 많아요."

"요즘 주로 뭐하고 지내요?"

"가끔 게임해요. 방학 때는 하루에 열 시간씩도 했어요."

"그랬구나. 사주 이야기 다시 해볼게요. 학생 사주는 다섯 가지 기운이 골고루 있어서 좋은 사주라고 했죠?"

"네."

"다섯 가지 기운이 하는 일을 볼게요. 남을 이해하고 자신을 표현하고 창의력이 있고, 배려하는 기운이 이렇게 하늘에 잘되어 있네요. 그것을 활용해서 일을 한 후 결과를 나타내는 재물그릇이 태어난 달에 자리 잡고 있어요. 그럼, 세상 밖에 나가서 밥벌이하기 쉽다는 뜻이에요. 재물그릇이 '역마'라는 움직이는 기운과 합쳐져 있네요. 해외와 연관을 지을 수 있다는 뜻이죠. 이것을 삶에 적용하면, 미래에 언어를 이용한 직업을 갖고 해외를 오가면서 재밌게 살 수 있다는 뜻이에요. 그럼, 주요과목 공부도 중요하겠지만 회화를 해두는 것도 좋겠죠? 수능 끝나고 중국어학원을 다닌다든가, 대학을 베트남어 학과를 간다든가 하는 식으로요. 그럼 직업 갖는 데는 무리가 없겠어요."

"딸이 언어 쪽 공부하는 건 좋아해요."

"책읽기는 어때요? 해외와 연관이 있고 언어 공부를 해두면 해외에 나가 산다든지 하면 좋겠죠? 그러려면 역사, 지리 책 중 재밌는 것을 골라 꾸준히 읽어두면 많은 도움이 될 거예요. 토요일이나 일요일에 엄마에게 한국요리 몇 개 배워두면 해외에 나갔을 때 외국 친구 사귀기에 좋대요."

"만화책 보는 거 좋아해요."

"잘됐네요. 요즘은 재밌게 잘되어 있는 만화책이 많으니까, 역사나 지리에 관련된 책들을 읽어보세요. 다음은 공부법을 볼게요. 여기 큰 쇠 보이죠?"

"네."

"큰 쇠도 '역마'라는 기운이 있어요. 꾸준히 앉아서 집중력 있게 공부하기 어려운 체질 같네요. 한 장소에 오래 앉아 있기보다 독서실에서 조금 하고 공부방에서 조금 하고, 학교에서는 교실에서 하다가 복도에서 하는 등 환경을 바꿔가면서 공부하면 좋아요. 그리고 순간적인 시험은 점수가 잘 나오는데 종합적인 사고력을 요하는 공무원 시험 같은 종류는 어려워해요."

"맞아요. 딸이 벼락치기 시험은 잘 봐요."

"저도 공부원은 하고 싶지 않아요."

"공무원이 적성에 맞지 않아요. 어머님, 아셨죠?"

"네, 저는 공무원 공부 시켜볼까 했는데 안 되겠네요."

"공부란 엉덩이 붙이고 앉아 있는 시간과 비례해요. 따님은 엉덩이 붙이고 앉아서는 공부가 잘 안 될 거예요. 그러다 보니 성적이 마음만 큰 나오지 않고, 학창시절에 성적이 잘 나오지 않으니 자존감이 떨어지는 거죠."

"그랬군요. 저희는 딸아이를 데리고 정신과 상담을 해야 하나 고민하고 있었어요."

"자존감을 찾을 일이 없어서 그래요. 학생의 사주는 제법 괜찮아요. 다만 사회가 원하는 공부를 잘 하는 학생이 아닌 거죠. 걱정하지 않아도 돼요. 학교 성적은 낮더라도 자신의 특성을 잘 살리면 얼마든지 밥벌이가 잘되는 구조니까요."

"제 사주가 그렇게 좋은 줄 몰랐어요."

"오빠 사주는 다섯 가지 기운 중에 세 가지만 있는 것 보이시죠? 그것으로도 버티며 공부하고 있는데 사주 구조도 좋은 동생이 우울해하면 되겠어요?"

"오빠 것 분석해 보니까 제가 괜히 미안해져요."

"또 학생 사주는 어떤 한 분야에서 프로가 될 수 있는 기운도 갖고 있어요. 점수를 잘 받기 위한 언어 공부도 있지만 소통하기 위한 회화 위주의 공부를 하면 재밌어 할 것 같아요."

"그렇게 해볼게요."

"마지막으로 대학 입시 운을 볼게요. 여기 작은 불이 학교 그릇이에요. IN 서울은 아닌 것 같아요. 그리고 수시로 입시를 마무리하시는 것이 좋겠어요."

"저도 수능은 자신이 없어요."

"그렇죠? 그럼, 조금만 더 올해 내신 성적을 쌓아보세요. 올해는 성적이 좀 나올 거예요. 기초 지식이 필요한 것은 조금 무리일 것 같고, 지금부터 공부해서 성적이 오르는 과목 위주로 해서 언어 관련 학과나 해외와 연관 지을 학과를 선택해 보세요."

"자신감도 떨어지고 우울했었는데 상담하면서 머리가 좀 맑아졌어요."

"다행이에요. 오빠도 버티는데 그보다 더 사주 구조가 좋은 동생이 힘 빠져 하고 우울해하면 안 되겠죠?"

"기분이 좋아졌어요."

"딸을 직접 데리고 오기 잘한 것 같네요."

"사주를 본다는 것은 지식을 얻는 것일 뿐이에요. 지식을 얻었으면 삶에 적용시킬 지혜로 바꿔야 해요. 앞으로 운도 좋은데 여기에 사람의 노력이 더해지면 더 잘되겠죠? 힘내서 고등학교 시절 보내 봐요."

사주가 주는 지식

사주는 풍경화입니다. 사람들의 태어난 달과 시간을 연결시키면 사주팔자로 한 폭의 그림을 그릴 수 있습니다.

어떤 풍경화는 새벽시간 물안개 올라오는 강가의 봄 나무이기도 하고, 뜨거운 한낮의 황량한 벌판이기도 하고, 밤에 떠 있는 여름 달이기도 하고, 빨간 사과가 주렁주렁한 과수원이기도 하고, 하얀 눈 덮인 초

가집이기도 합니다.

　이미 완성된 그림도 있고, 열심히 채색중인 그림도 있으며, 스케치만 해둔 그림도 있습니다. 사주가 그려내는 그림을 하나하나 살펴보면 그림마다 독특한 매력을 풍깁니다. 아름답지 않은 그림은 없습니다.

　사주팔자에 나타난 사람의 삶은 모두 그 나름의 색을 가지고 있습니다. 똑같은 그림은 하나도 없지요. **다른 풍경화에 기웃거릴 것도 비교할 것도 없이, 우리는 자기 풍경화 속 주인공으로 살면 됩니다.** 사주는 우리에게 자신만의 그림을 그리라고 말합니다.

학생에게 재운이 들어서면

"고3 아들의 올해 운을 봐주세요."

"올해 아드님의 학업 운은 재운(財運)이 들어서면서 공부에 집중도가 떨어지는 해네요. 사주명리학 용어 중에 '학마재(學魔財)'라는 용어가 있어요. '학업 시기에 재물 운이 들어서면 마가 낀다'는 뜻이죠. 즉 학업 성취가 낮고 집중하지 못하는 때라는 뜻이에요."

"아들이 실제로 지난 2년보다 성적도 떨어지고 왠지 마음을 못 잡는 눈치라서 걱정되어 상담하러 왔어요."

"그래서 수능보다는 수시로 대입 준비를 하시는 편이 좋겠어요."

"제 아들도 수능 타입은 아니어서 수시 준비를 계속 해왔어요. 지난 2년 성적으로는 SKY대를 바라볼 수 있을 정도인데, 올해 들어서며 성적이 많이 떨어져서 바라는 학교를 갈 수 있을지 걱정이 됩니다."

"조금 어려울 수도 있겠네요. 지난 2년은 학업에 도움이 되는 운이었어요. 사주를 간단히 설명해 드리면, 자신을 뜻하는 일간이라는 글자가 힘이 약합니다. 물을 가두는 저수지 둑으로 상상하면 되겠네요. 제방을 단단한 흙으로 막아둔 것이 아니라 진흙으로 막아 버티고 있어요. 언제 터질지 모르는 위태로운 둑입니다. 그런데 열두 살부터 운에서 단단한 흙무더기가 들어와 힘이 되어주었어요. 운에서 도와주니 마음껏 저수지 안의 물을 활용할 수 있었죠. 공부가 잘되었을 겁니다. 게다가 작년에는 또다시 큰 흙들이 밀려와 도와주니 승승장구의 운이었어요. 학생에게 승승장구의 운은 내신 성적이 좋다는 의미가 되겠죠. 그런데 올해는 균형을 맞춰 주던 저수지 안의 물과 제방 사이에 커다란 홍수가 밀려드는 꼴이네요. 원래 약한 제방이 운의 도움으로 버티다가 올해는 큰물에 휩쓸려가는 모습입니다. 자칫하면 아드님의 멘탈에 손상이 있을 수 있어요."

"그럼 어떻게 해야 합니까? 부모 욕심으로는 SKY 중에 갔으면 하는데요."

"올해 가장 답답한 사람은 학생 본인일 거예요. 부모님은 지난 2년의 성적 기준으로 아드님을 평가해서 욕심껏 푸시하시면 안 될 것 같아요."

"저희 아들이 그렇게 약하진 않습니다."

"아니에요. 사주 힘으로는 약합니다. 다만 기질상 자신의 의견을 소신껏 내비치기 때문에 약해 보이지 않을 뿐이죠. 공부를 뜻하는 글자가 올해는 큰물에 휩쓸려 나가는 모습이라 멘탈 붕괴를 조심해야 하는 운이에요. 부모님의 기대와 욕심은 알겠으나 올해 아드님 운을 기억하셔서 그냥 부족하더라도 지켜보시고 자존감 무너지지 않도록 격려해 주시면 좋겠어요. 아드님 본인도 잘해 오던 지난 2년에 비해 자신의 성적에 스트레스 받을 것 같아요. 우리나라 고3은 가만히 두어도 스트레스 받는 시기인데 성적까지 마음대로 나오지 않으니 스스로에게 실망하거나 자포자기할 가능성이 있어요."

"고3이 중요한 시기인데…."

"제가 고3 학생들 상담하면서 부모님들에게 가장 많이 듣는 말이 '고3이 중요한데' 라는 말이에요. 물론 대학이라는 관문을 들어가기에 중요한 시기이지만, 인생이라는 큰 틀에서 보면 지나가는 과정 중 하나일 뿐 아닐까요? 고3을 지나서도 어느 한 순간 중요하지 않는 시기가 있던가요?"

"그래도 대학을 잘 가야 직장 안정도 되고 장가도 잘 가잖아요."

"그럴 수도 있겠죠. 하지만 맘과 뜻대로 흘러가지 않는 것이 삶이기도 하잖아요."

"아들이 더 열심히 하면 되지 않을까요?"

"물론 어른들은 쉽게 '더 열심히 하면 되지'라고 말하지만 공부가 마음먹은 대로 되어지던가요? 그리고 그동안 잘 해오던 고3 학생이 더 열심히 하고 싶은 마음이 왜 없겠습니까? 가장 답답한 것은 학생 자신이에요. 사람에게는 운이라는 게 있어요. 좋은 운에는 하고 싶은 마음도 생기고 조금만 노력해도 성과가 바로바로 나타나죠. 그런 운에는 삶 자체가 신이 납니다. 그런데 부족한 운이 들어서면 의욕이 저하됩니다. 열심히 하던 사람도 의욕이 없어져요. 노력을 해도 결과가 잘 나타나지 않으니 더 의욕을 상실하게 되는 거죠. 사람의 노력만으로 어쩔 수 없는 때도 있잖아요. 올해는 아드님의 성적보다 아드님의 자존감을 챙기는 것이 부모 노릇일 것 같습니다. 성적에 따라 아드님을 바라보는 것은 학부모라고 생각해요. 아드님의 상황을 파악하여 힘이 되어주는 것은 부모이고요. 인생에 고3만 있는 것은 아니잖아요."

"아들이 올해 들어서면서 힘들어하고 성적이 떨어지는 것 같아서 상담을 왔는데 저도 힘이 빠지네요. 지난 2년 성적이 좋아 기대가 컸었는데 쉽게 내려놓지 못하겠습니다."

"가장 힘든 것은 학생 본인이라는 것을 잊지 마시고 곁에서 기도하면서 지켜봐 주십시오. 대학도 중요하지만 아드님의 삶이 더 중요하다는 것을 잊지 않으셨으면 좋겠습니다. 고3이라는 과정과 대학 입시라는 것에 매몰되어 정작 아드님을 성적으로만 몰아세우지 않았으면 좋겠어요. 고3 학생도 행복할 권리는 있답니다. 대학 입시를 위한 도구가 아니에요. 그 순간도 삶인 것입니다. 제발 먼 훗날 직장과 결혼을 위해 지금 이 순간이 희생되지 않도록 어머님이 지켜주세요."

사주가 주는 지식

사주는 명과 운이 만나 연주하기 위한 악보와 같습니다. 명은 선천

적이고, 고정적이며, 선택불가입니다. 운은 후천적이고, 유동적이며,
선택 가능합니다.

사주에는 재(財)가 많은 선천적 명도 있고, 후천적으로 재(財)운이 들
어서기도 합니다. 재운이 들어오면 학생은 놀기를 좋아하게 되고 친구
들과 휩쓸리기도 하며, 남자에게는 이성 운이 발생하기도 합니다. 어
른에게 재운은 모두가 기다리는 운이지만 학창시절의 재운은 공부에
방해가 되니 부모님들이 가장 꺼리는 운입니다. 이런 운에는 열심히
공부하기가 쉽지 않습니다. 경쟁과 목표보다는 눈앞의 재미에 빠져들
기 쉬운 때입니다.

**학생에게 재운이 들어서면 공부를 놀이처럼 하도록 분위기를 조성
해 주어야 합니다.** 성적에 너무 스트레스를 주면 오히려 반항하게 되
니, 적당히 즐거움도 느낄 수 있도록 숨통을 열어주어야 합니다.

자본주의 사회에서 모두가 바라는 재운이지만 운도 타이밍이 중요
합니다.

공무원을 시키고 싶어요

[사례 1]

"저희 아들의 직업으로 무엇이 맞을까요?"

"아드님 사주는 오행이라는 다섯 가지 기운 중에 세 가지의 기운만 으로 이루어져 있어요. 오행이 골고루 있는 것은 아니지만, 잘 사용하 면 살아가는 데 별 불편이 없는 사주입니다. 프리랜서 형태의 애널리 스트나 회계, 세무, 경영 분야가 어울릴 것 같네요. 세심하고 섬세하며 치밀한 분석이 가능한 사주죠."

"경영학과에 다니고 있어요. 저희는 공무원이나 로스쿨을 생각하고 있습니다."

"제 생각에 공무원은 사주와 어울리지 않는 것 같아요."

"아들도 공무원은 펄쩍 뜁니다."

"저도 공무원은 아닌 것 같습니다. 아드님은 정해진 형태와 규칙이 적용되는 조직보다 자유롭게 자신만의 룰을 만들어가는 직업이 더 어울릴 거예요. 아드님 자신이 원한다면 여당 형인 법조계보다 야당 형인 변호사 쪽이 더 잘 맞을 거예요. 변호사나 세무사, 회계사 등 전문 자격증을 취득하여 독립적인 생활을 하는 것을 더 권하고 싶네요."

"세무사나 회계사는 생각해 보지 않았네요. 저희는 안정적인 직업을 위해 공무원 시험을 권하고 있는 중이었죠."

"현재 우리나라 청년들의 인생 과정에 대학 졸업 후 공무원 시험 준비가 들어 있는 것 같습니다. 공부 좀 한다는 청년들은 부모 권유나 자신들의 선택으로 공무원 시험공부를 시작하죠. 그러나 아드님은 공직이나 기업 내에서 고위직을 바라보는 그릇이 약해 보이네요. 강한 리더십을 발휘하기보다는 독립적인 일을 하면서 자신의 목소리를 내는 유형의 직업이 더 어울리는 이유죠. 사주의 모든 기운이 재(財)라는 기운으로 모아지고 있기 때문에 공직에 가더라도 청렴한 공직자 상은 아닙니다."

"저희는 요즘 시대에 안정적인 직업으로 공무원을 생각했는데 아이의 적성과 다르다니 아들과 의논을 해봐야겠어요. 아들도 공무원은 하기 싫다고 펄쩍 뛰어서 어떻게 하면 설득시킬 수 있을까 찾아왔는데 아들의 의견을 다시 물어봐야겠네요."

[사례 2]

"아들이 언제쯤 공무원 시험에 합격할 수 있을지 봐주세요."

"몇 년째 공부중인가요. 벌써 서른세 살인데."

"대학 졸업 후 군대 다녀와서 스물여섯부터 시작했으니 8년쯤 된 것 같아요."

"왜 굳이 공무원 시험을 고집하시나요? 8년이면 어느 정도 가늠이 되실 것 같은데요."

"남편이 고위직에 있다가 퇴직했어요. 그동안 남편과 저는 어디를 가더라도 누구에게도 뒤처지지 않는 삶을 살아왔다고 생각해요. 남편의 직업 덕분이었죠. 그래서 저희 아들들도 안정적인 공무원을 시키려는 거예요."

"아드님의 사주를 보는 제 입장에서는, 아드님 사주에 공무원은 직업으로 맞지 않다고 생각되네요. 자유로운 예술가형 사주 같아요. 지식을 넣기보다는 자신의 재능을 활용하는 영역에서 더 능력 발휘가 쉬운 사주죠. 그런 아드님이 공무원이라는 종합적인 지식사고력을 원하는 시험을 준비하려니 머릿속에 공부가 잘 들어오지 않을 것 같네요. 공부한다고 책상에 앉아 있지만 머릿속은 온갖 상상으로 복잡할 것 같아요. 부모님이 원하시니 붙들고 있지만 정작 본인은 공무원이라는 직업에 흥미가 없을 듯하네요."

"어딜 가서 물어봐도 우리 아들이 예술가 타입이라는데, 저희는 안정적이지 못한 예술 쪽 일을 시키고 싶지 않아서요. 아버지처럼 안정적인 직장에 다니면서 평탄한 삶을 살기를 원해요. 특히 애들 아빠가 남들에게 번듯한 직장인 공무원이 되기를 원합니다."

"부모님이 원하신다니 뭐라 말하기 어렵네요. 제가 보기에는 애초에 아드님이 공무원 시험공부에 뛰어든 것이 길을 잘못 선택한 듯 보이는데요. 부모님이 아드님의 장래를 그렇게 설정하시고, 아드님은 그것을 따르고 있으니 시간만 보내고 있는 셈이네요. 빛나야 할 20대와 30대를 공무원 시험 준비로 책상 앞에서 보내고 있으니 안타깝다는 생각만 들어요."

"공무원 시험이 그렇게 어려울까요? 8년을 했으면 물방울로 바위라도 뚫지 않았을까요? 왜 제 자식들은 안 풀리는 걸까요?"

"제 생각에는, 자식들에게 맞는 길보다 부모님이 설정한 길을 강요하는 것이 문제이지 않을까 싶어요. 자신들의 원하는 삶이 아니기에 자식들이 전력투구하지 않게 되는 것이지요."

"요새는 친구 모임에도 안 나가게 돼요. 친구 자식들은 척척 취업도 하고 결혼도 하는데, 우리 애들은 하나도 자립을 못했으니 친구들에게 창피해서요."

"뭘 그런 것 같고 창피해 하세요. 어쩜 지금 자식들의 모습은 부모님의 욕심에 대한 결과물일 수도 있는데요."

"자식이 안정된 직장에 다니길 바라는 마음이 욕심일까요?"

"그 마음이 욕심일 수는 없겠죠. 다만 자식들이 원하는 삶이 아니라는 것이 문제죠. 부모가 설정한 삶을 살게 하고 싶은 마음이 욕심인 것 같아요."

"정말 속상하네요. 공무원 시험에 합격하는 것이 뭐가 그리 어렵다고 8년째 합격을 못하는지 아들이 미워죽겠어요."

"처음에 말씀드렸듯이 아드님은 공무원에 적합한 사주가 아니에요. 지금이라도 아드님과 의논하여 아드님에게 맞는 길을 찾도록 하시면 어떨까 싶어요. 이대로 가다가는 40세까지 이렇게 흘러갈 것 같아서요."

"그러면 안 되는데…."

[사례 3]

"제가 정말 공무원이 될 수 있을까요?"

"학교는 어디 다녀요? 졸업하지 않았어요?"

"부산대 영문과에 다니는데 1년은 교환학생 다녀왔어요. 작년에 한 학기 휴학해서 공무원 시험공부를 시작했어요. 올봄에 마지막 학기 복학했어요. 막상 공무원 공부를 시작해 보니 만만치가 않네요. 자신감이 팍팍 떨어졌어요."

"왜 공무원 시험을 보려 하나요?"

"특별히 할 줄 아는 것도 없고 취업에 자신도 없어서요. 그나마 제가 잘하는 것이 책 읽고 공부하는 것이어서 공무원 시험에 도전해 본 거예요. 안정적인 직장이잖아요. 친구들과 선배들이 선택해 가는 길을 보며 저는 잘하는 것이 없다는 생각을 했거든요. 그나마 공부로 할 수 있는 길이 공무원 시험인 것 같아서요. 그런데 공무원 시험 준비도 쉽지 않네요. 제가 계산해 보니 공무원 시험 전 과목을 공부하는데 3년은 걸릴 것 같아요. 그 시간을 투자해서 합격하면 다행인데, 떨어지기라도 하면 어떡해야 하나 두려움도 많아요."

"요즘은 대학교 졸업 후 공무원 시험공부하는 것이 인생의 코스처럼 되어 있으니 뭐라 할 수는 없지만, 정말 그 길이 자신이 원하는 길인지 생각해 봐야 해요. 학생하고 우리 딸이 동갑이라 그런데, 우리 딸 얘기 잠깐 해도 될까요?"

"네, 듣고 싶어요."

"내 생각에 우리 둘째딸이 공무원에 적합한 사주라고 생각했어요. 일단 규칙과 규율을 잘 지키는 딸이거든요. 그리고 사주에 직장을 나타내는 기운이 잘되어 있어요. 그 직장 기운이 역마라는 기운과 연결되어 있어요. 또 20대 운이 공부와 연관되어 있어서 시험 합격에 적합하리라 생각했어요. 그래서 제가 딸에게 출입국관리직을 권했어요. 그러면서 공무원 시험이라는 것을 연구해 봤어요. 옛날 과거시험처럼 종합적인 지식과 사고력을 원하는 시험이더군요. 시험과목을 분석해 보니 3년에서 5년은 준비해야겠다는 판단이 서더군요. 단기간에 합격하는 사람들은 남모르는 노력이 있었던 것 같아요. 딸은 대학교 1학년 겨울방학부터 인터넷강의를 끊어 공부를 시작했었죠."

"일찍 시작했네요. 저는 1학년 때 친구들과 놀러 다니기 바빴어요, 미팅도 많이 했어요."

"잘했어요. 연애는 20대의 특권이니까 될 수 있는 대로 많이 해야 해요."

"그래서 따님은 어떻게 되었나요?"

"딸이 1년을 공부해 보더니 하는 말이, 공부는 할 수 있겠다고 하더 군요. 그런데 공무원이라는 직업을 가지고 살아갈 생각을 하니 답답 해지더래요. 변화가 적은 보수적인 조직에서 똑같은 일을 매일 반복하 며 사는 삶이 재미가 없을 것 같더랍니다. 딸은 10년 정도 해외에서 살 아보고 싶다고 하더군요. 그리고는 공무원 시험공부를 접더니 정보처 리기사 자격증에 도전했어요. 일본어학과를 다니는 문과계열이 생판 모르는 정보처리기사 자격증에 도전한 거죠. 자신이 하고자 하는 일이 있으니 열다섯 시간 이상씩 책상에 앉아 공부를 하더군요. 그때 살이 많이 쪄서 지금도 뺀다고 고생하고 있지요. 딸은 지금도 공무원 시험 준비하는 친구들에게 말한대요. 왜 공무원이 되고 싶은지를 스스로에 게 몇 번이고 물어봐야 한다고. 정말 자신이 원하는 삶을 공무원이라 는 직업이 찾아줄 수 있는지, 그 직업에 적합한 성격인지 생각해 보라 고 한다네요. 제법 어른스럽죠? 학교를 졸업했으면 기간을 정해 공무 원 시험에 도전해 보고, 잘 안 되면 경제적 독립부터 해야 한다고 친구 들에게 말한대요. 딸은 지금 일본기업에 취업해 있어요. 돈 버는 것이 재밌다네요. 스스로 벌어서 자신이 하고 싶은 일을 하고, 먹고 싶은 것 을 먹고, 사고 싶은 것을 살 수 있는 삶이 뿌듯하고 좋대요. 살아 있는 것 같다네요. 공부만 하던 대학시절로 돌아가고 싶지 않대요."

"저와 동갑인데 정말 다르네요. 아직 저는 그렇게 뚜렷한 뭔가를 찾 지 못했어요."

"이제부터 서서히 찾아가면 되죠. 이왕에 시작했으니 3년만 더 도전하고 만약에 되지 않으면 과감히 떨쳐버리고 다른 길을 찾으세요. 조급해 하지 않아도 돼요. 자신에게 맞는 직업은 평생 찾는 거예요. 특히 40세까지는 누구나 자신의 길을 찾고 있답니다. 이제 스물다섯인데 조급해 하지 말고 일단 준비하는 공무원 공부에 매진해 보세요. 하다가 안 돼도 괜찮아요. 도전해 봤다는 것이 중요해요. 실패가 아니라 경험을 한 것이니까요."

"그렇게 말씀해 주시니 위로가 되네요. 따님의 이야기 들려주셔서 감사합니다. 저와 나이가 같은 친구가 그렇게 생각한다니 부럽기도 합니다. 저도 생각을 해보겠습니다."

사주가 주는 지식

사주에서는 '관성'이라는 기운으로 직장 그릇을 살핍니다. 관성이라는 기운은 울타리, 세상이 만든 규칙이라는 뜻입니다. 울타리가 있는 인생은 안정적입니다. 보호받을 수 있습니다. 그래서 모두들 공무원이나 공공기관을 직장으로 원하나 봅니다. 관성이라는 기운은 오행의 규칙이 나를 통제한다, 나를 관리하고 간섭하고 깎아낸다, 자신이 생긴 그대로가 아니라 타인에 의해 다듬어진다, 고통이 따른다, 자신의 생각보다는 다른 사람이 만든 규칙에 맞추어 살겠다는 뜻입니다.

여기서 생각해 봐야 합니다. 타인이 만든 룰을 잘 따르는 사람도 있고, 자신만의 규칙을 직접 만들어가는 사람도 있습니다. 타고난 성품이 모두 같지 않기 때문입니다. 그런데 직장은 모두 타인이 만든 시스템을 따르는 곳입니다. 특히 공무원, 공공기관, 대기업은 커다란 규칙이 움직이는 세계입니다.

자신이나 자식들이 어떤 성향의 사람인지 먼저 알아봐야 합니다. 규칙을 잘 따르고 맞추는 성향인지, 나만의 세계를 구축하는 성향인지 알아보는 것이 적성입니다. 적성에 맞아야 오래 할 수 있고, 일을 하면서 건강도 지킬 수 있습니다. **사주는 선천 적성을 알아보는 유용한 도구입니다.** 예나 지금이나 직장 구하기는 지상 최대의 과제 같습니다.

임원 발탁을 결정해야 합니다

"오늘 상담을 마치겠습니다."

"저…, 마지막으로 이런 걸 물어봐도 될까요?"

"뭔가요?"

"제가 요즘 고민하는 일이 있어요. 두 명의 후보 부장 중에 임원 발탁을 결정해야 해요. 저희 회사가 3년 동안 진행해 오던 일이 끝났거든요. 그런데 누구를 올려야 할지 고민입니다."

"혹시 그분들의 생년월일시를 알고 계신가요?"

"오늘 상담에 필요할까 싶어서 인적 사항을 찍어왔습니다."

"왜 고민하시나요?"

"앞으로 누구와 같이 가야 할지, 누가 그 자리에 더 적합한지 조언을 듣고 싶습니다."

"그분들의 일처리 방법은 어떤가요?"

"A부장은 이번 일에 공이 많았어요. 누가 봐도 A부장의 공이 큽니다. 그런데 A부장의 일처리는 가끔 정상적이지 않은 방법들이 동원되는 것 같아요. 회사를 위해서 그러는 것이니 맡기고 지켜보지만 조금 찜찜할 때가 많죠. B부장은 요즘 세상에 정도만 걸으려고 하는 답답함이 있어요. 당연히 옳은 길로만 가려 하니 일처리가 늦어요. 이번 일도 큰 공은 없었어요. 그러나 직원들이 따르는 편입니다."

"고민이 되시겠네요. 임원 발탁이 안 되면 어떻게 됩니까?"

"본인 의사에 따라 회사를 더 다녀도 됩니다. 다만 2년 후부터 임금 피크제 적용을 받습니다."

"임원은 계약직이잖아요?"

"그런 셈이죠."

"어떤 위치에 가면 안 되는 사람이 높은 위치에 가면 불행해집니다. 그 불행이 개인에게만 미치는 것이 아니라 조직원들도 불행하게 만들지요."

"그래서 고민입니다. 혹시 A부장의 편법성이 문제가 될까 봐서요."

"맞아요. 길게 봤을 때 A부장의 편법성이 직원문화 풍토가 되면 안되죠. '수단방법 가리지 않고 공을 세우면 저 자리까지 올라가더라'라는 생각을 가지면 그 조직은 끝나는 겁니다."

"그렇다고 그동안 고생한 A부장을 모른 척 할 수도 없잖아요."

"그렇죠. A부장에게 상을 주지 않으면 다음부터는 직원들이 움직이려 하지 않겠죠. 누가 열심히 하려 하겠습니까."

"그래서 고민입니다."

"회사에 이익을 주었지만 높은 지위에 올려놓았을 때 아랫사람들에게 나쁜 영향을 줄 사람에게는 그 보상을 금전적으로 해주는 것이 좋을 것 같아요. 높은 지위는 주지 말아야겠죠. 당장 회사에 큰 이익은 없거나 오히려 손해를 끼쳤더라도 그 손해가 정상적인 상황이었다면 용서를 해주고, 조직의 발전에 도움이 될 사람을 그 자리에 올려주어야 한다고 생각해요. 그래야 직원들의 기강에도 도움이 될 것 같아요."

"그렇군요. 금전적 보상이라…."

"분명한 보상은 해주셔야 하지만 전체 직원들도 생각해야 해요. 두 분의 인적사항이 정확한지 모르겠지만, 인적사항을 토대로 운을 말한다면 A부장은 곧 독립할 운이고 B부장은 아직 직장 운이 남아 있네요. 참고하세요."

"이미 답을 얻었습니다."

사주가 주는 지식

사주에는 상생과 상극이 있습니다. 생은 상생 (相生)의 의미로 서로에게 힘이 되거나 도와주는 관계를 의미합니다. 극은 상극 (相剋)의 의미로 서로의 힘을 빼앗거나 무력화시키는 것을 말합니다.

상생과 상극의 순환 체계는 생이라 하여 좋은 뜻만 의미하는 것도 아니고, 극이라 하여 나쁜 작용만 나타내는 것도 아닙니다. 어디까지

나 상호 보완의 관계에 있을 뿐입니다. 삶의 순환 과정 중 하나입니다.

사주 오행은 통관시켜주어야 합니다. 상생상극에 '통관'이라는 개념이 더해지면 상극(相剋)관계에 있던 오행 사이에 원활한 흐름을 도와주는 역할이 생깁니다. 누군가 중재자, 중립적 관리자가 있어야 합니다.

상생과 상극의 의미는 도와주는 것이 무조건 득이 되는 것도 아니고, 억압과 제압만이 능사는 아니라는 의미입니다. 원활하게 순환되도록 통관시켜주는 역할이 중요해집니다. 조직의 관리자는 통관의 개념이 필요합니다.

여자에겐 친정, 남자에겐 처가

"아이가 올해 학교에 입학해요. 동생들 도움도 받을 겸 친정 가까이 이사 가고 싶은데 남편이 질색을 하네요. 친정 가까이 가서 살고 싶은데 남편은 왜 그럴까요? 너무 미워서 이혼도 생각했었어요. 저희가 이사 갈 운이 없을까요?"

"옛말에 겉보리 서 말만 있어도 처가살이 안 한다느니, 뒷간과 처가는 멀수록 좋다느니, 그런 말들이 있잖아요. 남자들 입장에서 나온 말이죠. 요즘은 육아 도움 받으려고 일부러 친정 가까이 이사 가는 분들도 많더군요."

"그러게요. 제가 가고 싶은 마음도 있지만 친정 동생들이 다 같은 아파트에 사니까 서로 도움 주고받으며 살면 좋을 것 같아서요."

"그렇겠죠. 그런데 두 분의 사주를 비교해 보면, 여자의 사주에는 배우자 자리에 친정엄마를 뜻하는 글자가 놓여 있어요. 마음이 유독 친정 쪽으로 쏠리는 이유 같네요. 남자의 사주에는 처가를 뜻하는 별이 없고 비워져 있어요. 자신의 영역 밖이라는 뜻이죠. 끔찍이 싫어하는 이유 같네요. 이것은 남편이 다른 여자랑 결혼을 했더라도 그럴 확률이 높다는 뜻이에요. 남편은 지금 자신의 사주 모습대로 생각하고 행동할 뿐이에요. 처가가 좋고 나빠서가 아니에요."

"남편 사주가 원래 그래요? 어쩔 수 없네요. 친정 쪽으로 이사 안 간다고 해서 정말 미워했다니까요. 사주가 그렇다니 이사는 포기해야겠네요."

"상대의 보이지 않는 선천 상황을 알면 이해하는 폭이 넓어지죠. 너무 친정 쪽만 고집하지 마시고 다른 방향도 찾아보세요. 가정을 이루고 아이를 키우면서는 스스로 자립해야 해요. 그래야 진정한 어른이랍니다."

"오늘 상담 잘한 것 같아요. 남편만 더 미워할 뻔했네요."

*사주가 주는 지식

사람들은 결혼에 대한 환상이 있습니다. 결혼을 하면 모든 걸 같이 생각하고 같이 행동해야 한다고 생각합니다. 당연히 내게 편한 자신의 본가를 상대 배우자도 편할 것이라고 생각합니다. 그래서 여자는 자신의 본가를 남자에게 강요합니다. 남자도 자신의 본가를 여자에게 강요합니다.

사주명리학에서 보면 남자와 여자는 부부라는 이름으로 만났더라도 별개의 사주를 가지고 있습니다. 부부가 같은 사주를 가진 경우를 아직까지는 만나지 못했습니다. 부부의 사주가 다르고 그 부모의 사주가 또 다릅니다. 우리 모두는 하나하나 별개의 존재들이라는 것을 사주는 명확히 말해 줍니다. 아무리 열 달 뱃속에 품어 낳은 내 자식도 나와는 사주가 다릅니다. 자식 또한 부모와는 별개의 사람이라는 뜻입니다. 모두가 각자의 사주를 가지고 살아갑니다.

가족도 마찬가지입니다. 가족이라는 제도로 묶여 있지만, 다른 사주를 가진 사람들끼리 모여 사는 것입니다. 근본적으로는 다른 사람들인 겁니다. **우리는 오직 나의 사주만 관여할 수 있습니다. 내 삶만 내 것이라는 뜻입니다. 나 외에 모든 사람은 내 영역 밖입니다.** 부부라고 해서 같은 생각과 같은 행동을 할 수 없다는 뜻입니다. 모든 사람은 각자 자신만의 사주를 가지고 있고, 나와 다르다는 간단한 이치만 알아도 인간관계를 푸는 데 쉬울 것 같습니다.

다름을 인정하면 쉽습니다. 사주는 사람마다 서로 다른 존재임을 알려줍니다.

10년 만에 온 손님

"오피스텔 골목을 들어서니 기억이 났어요. 잘한다고 소개받아 왔는데, 10년 전에 내가 왔던 철학관이네요. 선생님도 10년 전과 똑같으세요."

"맞아요. 저도 기억이 나요. 동래 럭키아파트 사셨잖아요. 한창 럭키아파트 사모님들이 올 때였네요."

"맞아요. 그 뒤로 해운대로 이사 가서 잊고 살았어요. 10년 전에 스물네 살 딸의 결혼문제를 문의하러 왔었어요. 그때 남자는 괜찮으나 결혼생활이 끝까지 이어지기가 어려울 것 같다는 조언을 해주었죠. 저도 그때는 제 딸이 너무 어려서 결혼시키고 싶은 마음이 없었어요. 외국에 가서 공부시킨 지 얼마 안 될 때였거든요. 그래서 선생님 조언도 있고 해서 결혼을 반대했는데, 딸이 그 뒤로 계속 원망을 하네요. 그때 남자처럼 괜찮은 남자를 아직 만나지 못했다고 엄마 때문에 결혼하지 못했다면서요. 그런데 이번에 남자를 사귀는 눈치라서 어떤가 하고 보러 왔어요.”

“10년 전에 따님의 결혼을 반대해서 따님에게 원망을 들어왔다면서 왜 또 따님의 결혼에 관여하려 하세요. 10년 전에는 따님의 나이가 스물넷밖에 안 돼서 엄마가 관여를 했었다고 치더라도 이제 따님의 나이가 서른다섯인데 또 끼어들면 안 되잖아요. 따님이 마마걸 수준이라 엄마가 무슨 말을 하면 또 따를 것 같은데요.”

“맞아요. 제 말을 100퍼센트 듣는 딸 같아요. 그런데 딸이 사귀는 남자가 맘에 안 들어서 그래요. 중소기업 다닌다는데 제대로 밥벌이나 할 수 있을지 걱정되네요. 제대로 된 남자가 아니라면 굳이 결혼 안 하고 지 혼자 재밌게 살아도 되잖아요.”

“따님은 빨리 결혼하고 싶어 한다면서요.”

“네. 직장 다니기 싫고 남편이 벌어 온 돈으로 집에서 살림하면서 살고 싶어 하는데, 서울에서 중소기업 다니는 남자가 벌어 온 돈으로 딸이 전업주부로 살 수 있을까요? 자식이 고생하며 살까 봐 걱정하는 것이 부모 마음 아니겠어요?”

“글쎄요. 저는 그것이 부모 마음인지 잘 모르겠네요. 저도 사위를 봤지만 제 딸 결혼 시킬 때 그런 조건들은 생각하지 않았어요. 손녀가 태어날 때도 딸의 출산 과정에 어떤 코멘트도 하지 않았어요. 속으로야 이 날이면 좋겠네, 이 시간이면 좋겠네 생각은 했지만, 단 한마디도 하지 않았어요. 모든 것은 딸의 운명대로 갈 것이니까요.”

"어떻게 그렇게 참을 수 있으셨어요? 나 같으면 좋은 날 택해서 좋은 사주 갖고 태어나게 해주었을 것 같은데요. 선생님은 다 알고 계시면서도 용하게 참으셨네요."

"좋고 나쁜 사주는 없어요. 사람들이 좋다 나쁘다 느끼는 것일 뿐이죠. 잘 풀릴 때는 좋은 사주라고 하고, 조금이라도 힘들면 나쁜 사주라고 하죠. 옛말에 '불행은 쌍으로 오고 행운은 혼자 온다'는 말이 있지요? 행과 불행은 반반씩이라는데, 살면서 불행하게 느끼는 때가 훨씬 많다는 말이겠죠. 자식은 인연 따라 오는 거라 생각해요. 잠시 내 배를 빌려 태어나고 내가 양육은 했지만 나는 아니잖아요. 온전히 그 아이의 삶을 인정하면 감히 자식들의 삶에 끼어들 수 없어요. 그 아이들의 인생이잖아요. 자신들이 선택하고 자신들이 책임지며 살아가야 한다고 저는 생각하거든요. 서른다섯 살이 넘은 따님의 결혼까지 간섭하는 것은, 자식을 온전한 한 인간으로 인정하지 않는 거예요. 말로야 자식이 잘되기를 바라서라고 하지만, 결국엔 내 입맛대로 살아주길 바라는 마음일 때가 많아요."

"내 결혼생활이 불행하니까 딸은 그렇게 살지 않았으면 하는 마음에서 자꾸 간섭하게 되네요. 제대로 된 결혼생활이 아닐 것 같으면 결혼하지 말라 하고 싶어요."

"남편에게 무엇이 불만이세요?"

"우리 남편은 차가워요. 따뜻함이 없죠. 냉랭해요. 평생 사랑을 받지 못하고 사는 것 같아서 우울해요. 그래서 제가 매일 술을 마시는 것 같아요. 허전해서요."

"사주를 보면 사주팔자에 우울감을 애초에 갖고 있는 분이세요. 본인이 불행하다고 정해 놓고 구실을 남편에게 붙이시네요. 일종의 핑계거리죠. 맞죠?"

"그런가요? 그러고 보니 중학교 때부터 우울해했던 것 같네요. 선생님 말을 들으니 꼭 남편 때문만은 아닌 것 같다는 생각이 드네요. 결혼해서 사는 동안 남편이 내게 다정하지 않아서 불행하다고 생각하며 살아왔어요. 그래서 딸의 결혼에 대해 민감했어요."

"맞아요. 꼭 남편분 때문만은 아니에요. 어떤 남자와 사셨어도 불만이 가득 했을 거예요. 어떤 상황에서든 핑계를 만들어내셨을 것이고 술을 드셨을 거예요. 왜냐면 사주에 머리 쪽 질환과 정신질환이 암시되어 있거든요. 뇌졸중이나 치매, 우울증, 조울증 등이 올 확률이 있거든요. 사주에 암시도 되어 있는데 앞으로도 열심히 술을 드시면 알코올성 치매에 걸릴 확률이 확 올라갈 테니까 부지런히 드셔요. 따님이 지금 만나는 분은 엄마가 관여하지 마시고 지켜보세요. 이제는 따님이 스스로의 삶을 선택할 나이잖아요. 엄마가 자꾸 따님의 인생에 끼어들지 마세요. 뚝 떼어내세요."

"선생님도 무슨 농담을 그렇게 하세요. 저는 왜 이럴까요? 어렸을 때는 부유한 가정에서 자랐고, 결혼해서는 남편이 고위직 공무원이라 돈 걱정 없이 살았고, 딸과 아들은 외국까지 보내서 공부시켜 놨는데… 왜 저는 한순간도 행복하다는 생각이 안 들까요? 그래서 술을 마시고 저의 모든 불행의 책임이 남편에게 있다고 생각하며 살아왔어요."

"마음이 한가해서 그래요. 먹고사는 걱정이 없으시니 일부러 다른 걱정을 만들어 하시는 거예요. 감사하는 마음은 없고, 있는 것들이 당연하다고 생각하니까 계속 결핍감만 드는 거죠. 교회 다니신다고 했으니 봉사활동을 좀 해보세요. 나보다 어렵고 힘들게 사는 사람들도 있다는 것을 좀 보시고, 지금까지 가지고 있는 것들이 얼마나 감사한지 한 번 써보시길 권합니다."

"감사합니다. 이번엔 딸의 연애에 되도록 간섭하지 않도록 노력해 볼게요."

사주가 주는 지식

사주에는 '모자멸자(母慈滅子)'라는 용어가 있습니다. 어머니의 사랑이 지나쳐 오히려 자식에게 해가 된다는 뜻입니다.

어떤 상황일까요? 나무가 있다면 나무는 물을 필요로 합니다. 그러나 물이 너무 많으면 뿌리가 썩든지, 나무가 물에 떠내려갑니다. 보석이 있다면 원래 땅속에 있던 원석을 갈고 다듬어서 써야 하는데, 땅속에 보석이 파묻혀 제대로 빛을 발휘하지 못하는 상황입니다. 땅은 햇볕을 필요로 합니다. 햇볕이 있어야 생물을 길러내니까요. 그러나 햇볕이 너무 강렬히 비추면 땅은 메말라 어느 생명도 기를 수 없이 황폐해집니다. 이런 상황이 바로 사주에서 말하는 어머니의 사랑이 '넘치는' 경우입니다.

옛말에 '미운 자식 떡 하나 더 주고, 고운 자식 매 한 번 더 든다'는 말이 있습니다. 부모의 분별없는 일방적 사랑을 경계하는 말입니다. 지나친 사랑은 자식을 구속하고, 능력을 발휘하지 못하게 하며, 자식 스스로 삶을 살아가지 못하게 합니다. **자식이 의존하는 것을 오히려 반기는, 부모들의 지나친 사랑이 자식을 멸망의 길로 걷게 할 수 있다는 것을 잊지 마십시오.**

제가 독수공방 한대요

"저희 부부 수명이 짧은가요? 둘 중 한 사람이 일찍 죽나요?"

"무슨 소리예요? 서른아홉, 마흔세 살의 부부가 물어볼 말은 아닌 것 같은데?"

"인터넷 운세 보는 곳에서 제가 독수공방한다고 쓰여 있어서요."

"제발 그런 쓸데없는 글이나 말 듣지 마세요. 독수공방이 뭐예요? 홀로 방에 있다는 뜻이잖아요. 예를 들어 아이들 공부 때문에 기러기 생활을 하게 되면 부부는 독수공방이죠. 교대 근무, 주말부부, 해외 근무 모두 독수공방이에요. 심지어 각방 사용도 독수공방이죠."

"아, 다행이네요. 저희 애들이 어려서 각방 써요. 남편이 죽는 것이 아니었군요."

"그럼요. 물론 운이 나쁠 경우는 이혼이나 별거 등으로 이어질 수도 있어요. 그 뜻은 부부가 노력을 해야 한다는 뜻이죠."

"어떤 노력을 해야 하나요?"

"아이들 키우다 보면 모든 일이 아이들 위주로 돌아가게 되잖아요. 그러다 보면 남편이 소외감을 느낄 수 있어요. 차츰 부부 대화도 줄어들지요."

"저희가 요즘 거의 대화 없이 살아요. 육아에 정신이 없어요."

"바로 그거예요. 일부러라도 부부가 같이하는 시간을 가지라는 뜻이에요. 맥주 한 잔, 차 한 잔이라도 같이하면서 이야기 나눌 시간이 필요해요. 심지어 육아에 지친 부인들은 잠자리를 거부하기도 하죠."

"어! 저도 그러는데. 그러면 안 되나요?"

"그 형태가 독수공방이 아니고 뭐겠어요?"

"아! 그렇군요. 저는 남편이 일찍 죽을까 봐 엄청 겁먹고 있었어요."

"제발 현혹되지 마세요. **사주팔자를 읽는다는 것은 정보를 얻고 그 정보를 토대로 삶의 지혜를 얻어가는 과정이에요.** 그렇지 못한 사주 상담은 무시하세요. 사주풀이는 믿음의 영역이 아니라 해석의 영역이에요. 종교적 믿음의 영역과 전혀 달라요. 삶을 해석하는 도구일 뿐이죠. 사주팔자라는 기호, 방정식을 이용해서 어떻게 해석하고 삶에 어떻게 적용시키느냐 하는 문제지, 그 안에서 길과 흉을 따지는 것이 아니에요. 좋고 나쁜 것만 가리지 말고, 삶에 적용시켜야 해요. 사주 상담의 해석이 현명한 선택과 행복한 삶을 꾸리는 데 도움을 주지 못하면, 듣지도 말고 쳐다보지도 마세요."

"그렇군요. 괜히 겁먹고 걱정하고 있었네요. 조언대로 애들 잘 때 남편과 맥주라도 한 잔 할 기회를 만들어야겠어요. 남편이 외로워할 수 있다는 사실을 몰랐어요."

사주가 주는 지식

사주는 과거를 알아보고 미래를 예측해 보는 이론입니다. 사주라는 도구를 이용해 운명을 해석해 보고 삶에 적용시켜서 현명한 선택을 하는 데 도움을 주는 것이지요.

가끔 사주를 해석해서 언어로 표현할 때, 명리학 학습 용어를 그대로 말하곤 합니다. 명리학을 배운 사람은 어느 정도 해석해서 듣겠지만, 배우지 않은 사람에게는 마치 다른 세계의 언어 같습니다.

대부분의 사람들은 좋은 일은 가볍게, 짧게, 당연하게 느끼고, 나쁜 일은 크게, 길게, 급작스럽게 느낀다고 합니다. 그 심리를 이용한 상담사들이, 아니 상담을 요청한 사람들도 마치 나쁜 일을 많이, 무서운 용어를 자주 사용하는 것이 운명을 더 잘 알아맞히는 듯 여깁니다. 우리 주변에 겁주는 상담, 나쁜 말만 골라 하는 상담이 있는 이유입니다.

사람의 삶과 운명을 이야기하는 것이 사주 상담입니다. 제대로 된 해석도 중요하지만, 해석한 사주 지식을 전달할 때 사람과 사람이 마주하고 있다는 사실을 잊지 말아야 합니다. 사주 상담사는 사람의 운명을 다루는 학문을 조금 더 공부했을 뿐이지, 결코 사람 위에 있는 존재가 아니라는 사실을 명심해야 합니다.

결혼 안 해도 돼!

"어! 여기 지난번 왔던 곳이네? 동생이 잘 본다고 가보라 해서 왔더니, 지난번 우리 가족 상담했던 곳이구먼!"

"어서 오세요. 다시 뵈니 반갑네요. 오늘은 무슨 일로 오셨어요?"

"음… 내 딸하고 남자 사주 하나 봅시다."

"네, 따님하고 어떤 사이인가요?"

"그게 선 본…."

"선을 본 것입니까? 선을 볼 예정입니까?"

"아니, 조금 아는 사이…."

"얼마나 만났는데요?"

"그게… 결혼했으면 하는 사이."

"저런! 어머니 마음에 그 남자가 맘에 안 드시죠?"

"맞아, 며칠 전에 애 아빠하고 서울 가서 선을 보고 왔는데…."

"아, 그 선본다는 것이 부모님이 사위 될 남자 만나고 오셨다는 얘기였군요. 그런데 지금 맘에 안 드시니까 지칭하는 말이 영 껄끄럽네요."

"일단 궁합이나 봐 주세요."

"아직 사주를 적지 않은 상태에서 먼저 한 말씀 드리자면, 마흔두 살의 따님 결혼에 아직도 부모님의 허락이 있어야 하나요?"

"남들이야 그렇게 말하죠. 이미 늦은 결혼이고 좋은 직장 다니며 독립적인 생활을 하는 딸내미 결혼에 부모가 뭔 할 말이 있느냐고, 지들만 좋다면 시켜야 하지 않느냐고 그러죠. 그러나 나는 그렇게 생각 안 해요. 공부시키고 뒷바라지한 공이 있잖아요. 보상심리랄까, 뭐 그런 게 있어요."

"부모가 자식을 공부시키면서 보상을 바라신다니, 부모 맞으세요?"

"부모가 아니래도 좋아요. 나는 그 남자가 영 맘에 안 들어요."

"그럼, 이제 사주 궁합을 말해 보죠. 첫째, 상대와 궁합을 보기 이전에 각자 사주의 배우자그릇의 형국과 부부궁의 모습을 살펴봅니다. 따님의 사주는 결혼이 늦든가, 주말부부 등을 해야 하는 모습이네요. 그래서 마흔두 살까지 있었나 봅니다. 딸은 어지간한 남자는 시시해서 만나지 않을 것 같아요. 그렇죠?"

"당연하지. 우리나라에서 제일로 잘 나가는 곳에서 직장생활을 하고 있고, 공부도 제일 좋은 곳을 다녔고, 인물도 그만 하면 어디에 빠지지 않으니 어지간한 놈이 눈에 차겠어요?"

"남자분의 사주는 애처가 스타일이네요. 지나온 운이 힘들었기에 지금의 모습을 바라보면 부족해 보일 수 있는데, 앞으로 30년 운이 정말 좋네요."

"허허, 이번에 그놈이 우리에게 딱 그 말을 합디다. 앞으로 30년을 정말 열심히 살아보려 한다고."

"그랬군요. 그분에게 직감이 있으셨네요. 사주보다 앞으로 운이 좋아질 거예요. 두 번째로 음양을 살펴보죠. 보통 여자는 음, 남자는 양으로 보는데요. 따님의 사주가 양의 기질이 강한 사주예요. 독립적이고 리더형이죠. 그런데 남자의 사주는 양으로 태어났으나 음적인 기질을 갖고 있어요. 그런 면에서 남자가 여자에게 잘 맞춰줄 것 같습니다. 따님 입장에서는 잘 맞는 거예요."

"딸에게 참 잘한대요. 그놈이 잘해 주니까 넘어갔겠지만."

"세 번째로 인연법을 살펴보죠. 전생의 인연, 조상의 인연, 이승의 인연 등등을 보는데, 이 두 분은 전생의 인연이 움직였네요. 감히 어머니나 제가 이 두 분의 궁합을 논할 자격이 없어요. 자신들의 인연에 의해서 만나게 된 거거든요."

"그러게. 왜 내 딸이 저렇게 좋아하는지 모르겠어요. 미쳤다니까! 딸이 싫어할 외모적 조건을 모두 갖춘 남자거든요. 딸은 키 작은 남자 정말 싫어하는데, 이 남자는 정말 작았어요. 또 딸은 새까만 남자 싫어하는데, 이 남자는 얼굴도 새까맣더라고. 남자 말로는 해외에 골프 치러 자주 나가서 그렇다는데, 정말 새까매요. 언젠가 괜찮은 남자가 있었는데 딸이 피부가 까맣다며 싫다고 했었죠. 딸은 쭉 뻗어서 예쁜데 이 남자는 얼굴도 어쩜 그리 생겼는지… 거기다 집안도 볼품이 없어요."

"아무리 그러셔도 따님은 이분에게 끌릴 겁니다. 인연이 있으니까요. 이런 남자를 만나야 따님이 부부라는 형태를 가져갈 수 있어요. 다른 남자라면 이혼하거나 별거, 각방 사용 등 부부 형태가 깨질 확률이 있다는 거죠. 저희가 감히 이러쿵저러쿵 말할 수 없는 사이 같네요."

"이런 남자랑 결혼할 거면 결혼 안 해도 돼!"

"음양은 맞추고 살아가야죠. 어떻게 그런 말씀을 하세요?"

"나도 이놈 만나기 전에는 딸에게 음양이라도 알고 살아야 한다고 했었지. 그런데 이런 놈일 바에는 결혼 안 해도 상관없다는 생각이 드네."

"좀 너무 하는 거 아시죠? 계속 궁합을 보겠습니다. 네 번째로 살펴볼 것은 두 사람의 사주 오행을 대비해 보는 거죠. 따님의 사주에 수의 기운이 없어요."

"어딜 가도 그 말을 하더라고요."

"그런데 이 남자가 바로 수의 기운으로 태어났네요. 따님을 위해 희생할 것 같습니다."

"그래요? 남자 말이 우리 딸을 미국에 유학시킬 예정이라네. 지가 그 학비를 다 대줄 작정이라고"

"맞아요. 따님을 위해 희생할 수 있는 모습이에요. 다섯 번째로 속궁합을 살펴보죠. 남녀는 섹스궁합도 중요하거든요. 그런데 따님이 원래 남자와 섹스를 싫어하는 사주입니다. 맞죠?"

"맞아요. 어쩐지 그것을 싫어하는 눈치예요. 어떻게 남자랑 자느냐 면서 싫대요."

"그런데 이 남자와는 잠자리에 합이 들어 있어서 잘 맞는 편이에요. 남자분도 섹스보다는 정신적인 면을 더 추구하는 사주라서 그 부분은 잘 맞을 거예요. 여섯 번째로 운의 궁합을 살펴보죠. 따님 운이 앞으로 10년 정도 어려울 수 있어요. 승승장구하며 살아오다가 어려운 운을 만나면 힘들어할 수 있어요. 다행히 남자의 운이 앞으로 30년 정도 좋은 운이 기다리고 있으니, 남자 덕으로 공부하러 미국 가셔도 좋겠네요. 이외에도 여러 가지 살필 수 있지만 가볍게 여섯 가지 정도로 궁합을 봤습니다. 두 사람의 궁합을 살펴보니 굳이 말릴 이유가 없어 보이네요. 그리고 두 사람이 결혼하고 싶다는데 부모님이 말리실 일은 아닌 것 같아요."

"어쩌나, 나는 이 남자 떼는 부적이라도 써 달라 하려고 왔는데⋯ 그래도 선생님이 그렇게 말씀하시니 기분이 나쁘지는 않네요. 이해도 되고요."

"저런! 그런 마음으로 오셨어요? 부적은 남자가 어머님 눈에 예쁘게 보이는 걸로 써드려야겠네요. 이제 따님과 사위 될 남자에게 독한 말 그만하세요. 따님이 좋다는 남자이고, 어머님 맘에 차고 안 차고의 문제가 아니잖아요."

"다른 곳에 가도 이렇게 나올까요?"

"다른 곳에 간다는 의미는 두 사람의 결혼을 말릴 명분을 찾고 싶다는 말씀이시죠? 원래 궁합이 반대를 하기 위해 생겼어요. 옛날에는 여자가 남자의 얼굴도 보지 않고 시집가는 집안 대 집안 결혼이었죠. 그런데 남자의 상황에 따라 여자 쪽 가문도 움직일 수 있기 때문에 여자 집에서는 최소한의 방어막이 필요했던 거예요. 사주단자라는 것을 받아서 남자의 장래를 예상해 본 것이죠. 방금 제가 여섯 가지로 궁합을 봐드렸는데, 이외에도 무슨 살 무슨 살 하는 기운까지 다 접목시키면 정말 좋은 궁합이 있을까요? 결국 반대를 위한 명분 만들기가 궁합 보기인 셈이죠. **현대에서 궁합은 서로의 선천적 상황을 알고 서로를 이해하는 도구로 사용합니다.** 만약 다른 곳에 가신다면 조금 전 제가 말씀드린 애처가형이라는 말을 남자 사주에 여자가 많아서 바람을 피울 거라고 해석해서 말할 수도 있어요. 어떻게 해석하느냐에 따라 달라지거든요."

"워낙에 못생겨서요. 인물이 그렇게 못생길 수도 있는지… 그런 놈이 뭐가 좋다고 그러는지… 전생의 인연이라고 그렇게 땡겨 한다는 말이 이해가 되기도 하네요. 다행히 앞으로 남자 운이 좋다니, 그 말이 많은 위안이 되네요."

"인연이 맞는 사람을 만나면 이혼 같은 흉한 일 없이 부부라는 형태를 유지하면서 살아가기에 좋아요. 지나온 운을 살펴보니 아마 이 남자는 서른여덟부터 마흔셋 사이에 사법고시에 합격했을 것 같네요."

"맞아요. 그때쯤 했다고 했어요. 우리 부부는 내려오면서 그런 놈하고 할 바에는 결혼을 안 해도 된다고 했다니까요."

"남자에게 앞으로 30년 운이 사법고시 합격했을 때의 운과 같은 좋은 운이 펼쳐질 것 같아요. 운이 좋아지면 사람에게 광채가 납니다. 타고난 외모가 아니라 얼굴에 기색이 달라지고, 얼굴에 빛이 나면 사람이 달라 보여요. 지금까지는 어렵게 인생길을 걸어오느라고 고생이 많아서 볼품없어 보일 수 있어요. 지금의 모습이 다가 아니라는 것만 알고 가시면 좋겠네요."

"딸이 이곳에서 한 말을 들으면 정말 좋아하겠네요. 적은 것 모두 주세요. 가지고 가서 애들 아빠에게 설명해야겠어요. 결혼은 언제가 좋을까요?"

"남자 떼어낼 부적 써 달라 하시더니 결혼시킬 마음이 생겼군요. 남자에게 올 가을 이후, 따님에게도 올 8월 이후가 좋을 것 같아요. 결혼 날짜 잡으러 따님과 함께 오시면 좋겠어요."

사주가 주는 지식

운명에는 바꿀 수 없는 숙명도 있습니다. 사람은 태어나자마자 부모를 만납니다. 그리고 신분을 얻습니다. 그때 만난 신분과 환경은 자신이 선택한 것이 아닙니다. 우리는 오직 태어났을 뿐입니다.

태어나 보니 부자 부모 혹은 가난한 부모를 만났고, 부모가 사는 곳으로 가서 부모가 지어준 이름으로 불리며, 부모가 먹이는 음식을 먹고, 부모가 입히는 옷을 입었습니다. 이미 부모의 사회적 지위와 환경이 존재하고 있었습니다. 생김새는 어떻습니까. 하얀 피부, 검은 피부, 둥근 눈, 찢어진 눈, 두툼한 입술, 얇은 입술… 모두 다르게 생겼습니다.

천차만별인 신분과 환경, 생김새가 있지만 모두 공평하게 갖고 있는 것이 있습니다. 사람은 누구에게나 네 개의 기둥과 여덟 글자의 사주팔자가 있습니다. 다른 옷을 입고, 다른 지위, 학벌을 가지고 있어도 모두 공평하게 사주팔자가 있는 것입니다. 잘난 척 해봐야 모두 '여덟 글자 안의 삶'이라는 뜻입니다.

얼마나 다행인지요. 어차피 네 개의 기둥 속 여덟 글자의 삶입니다. 그 속에 기쁨도 있고, 슬픔도 있고, 착함도 있고, 악함도 있습니다. 타인의 존재를 함부로 재단하지 말라는 뜻입니다. 감히 타인의 조건과 환경을 논할 수 없습니다.

모두 똑같은 네 개의 기둥 속 여덟 글자의 삶일 뿐입니다. 자기 자식의 배필을 고른다고 남의 귀한 자식의 존재를 부정하지 말아야 합니다.

배우자 = 배우자

항상 좋은 말로 위안을 많이 받고 온다. 남편에 대해 아직도 내려놓지 못해서 힘들어하는 내 자신이 부끄럽다. 앞으로 나아갈 길을 알려줘서 너무 고마워. 꼭 실천해서 지금보다 더 나은 삶을 이끌어 가보도록 할게. 좋은 친구 덕분에 오늘도 풍요로운 하루 시작할 수 있어서 정말 고맙다.

상담을 끝내고 간 친구의 문자입니다. 며칠 전, 친구는 남편과의 불화를 하소연했습니다. 긴 시간 동안 친구의 얘기를 다 들어주며 문득, 이 친구가 옛날부터 같은 내용으로 하소연을 해왔다는 생각이 들었습니다.

"친구야. 남편 때문에 힘들어하는 것을 이해하니까 네 말을 다 들어주긴 했는데, 너 15년째 같은 내용으로 하소연한다는 것 아니? 네 남편도 문제가 있지만, 아직도 그 남편에 대한 기대를 내려놓지 못한 너도 문제가 있는 것은 아닐까?"

"내가 그랬어? 몰랐어. 15년 전에는 더 했겠지. 내가 20여 년의 결혼 생활 동안 계속 힘들어했으니까."

"20여 년 동안 안 바뀐 남편이 과연 앞으로 바뀔까? 이제는 네가 내려놔야 하지 않을까?"

"그동안 그런 생각을 못했었어. 그런데 지난번에 네가 남편을 이제는 남편이라고 생각하며 기대하지 말고 남편은 남편대로, 나는 나대로 인정하고 따로 생각하라는 말이 와 닿았어. 애들 아빠와 엄마로서의 역할은 충실히 하면서 각자 생각하는 방식이 다른 것을 인정해 주라는 말과 20여 년 동안 바뀌지 않는 남편을 바꾸려고 하니까 자꾸 불화가 있는 거라고 오히려 내게 문제 있다는 말에 그럴 수도 있겠구나 싶었어. 나는 그동안 남편에게만 잘못이 있다고 생각했었거든. 그 뒤로 생각을 바꿔 남편을 대하니까 훨씬 편해지더라. 안 그랬으면 어제도 몇 번 부딪쳤을 거야."

"그래. 내가 젊은 사람들이 상담 오면 해주는 말이 있어. 여자가 결혼하면서 '내 남자는 변하겠지. 오빠의 이 부분만 고쳐주면 행복할 것 같다'라는 마음은 위험하다고 말해. 여러 책에서도 사람은 변하지 않는다고 하더라. 남자의 어떤 부분을 바꾸라고 잔소리하는 여자가 세상에서 제일 어리석은 사람이라고 나는 이야기해 줘. 또 여자가 생각하는 내 남자의 못마땅한 부분이 다른 여자 눈에는 멋있어 보이기도 한다는 사실도 알려주지. 남자가 결혼하면서 '내 여자는 저 어여쁜 모습이 변하지 않겠지'라는 생각도 어리석은 거래. 여자는 120퍼센트 변한다네. 아기를 낳기 전에는 변하지 않지만 임신을 하는 순간, 모든 여자는 자식을 키워내기 위한 몸과 마음으로 변한다는 거야. 그 과정에서 일어나는 몸의 저항이 입덧이라고 나는 생각해. 여자의 신체와 건강 영향도 있겠지만, 자존감이 강하거나 외골수적인 면이 강할수록 자신을 변화시키는 것에 대해 여자 몸이 강하게 저항하는 것 같아. 입덧은 여자들의 변화 과정에서 일어나는 몸의 저항 같아. 남자들이 흔히 마누라가 호랑이로 변했다고 하는데, 그 표현이 맞아. 여자는 임신을 하면서 여자가 아니라 엄마로서, 자식을 키워내기 위해 스스로 몸의 저항을 이겨내며 변화시키는 거야. 그런데 너는 그동안 남편이 변하지 않는다고 하소연만 해왔어. 20여 년 동안 남편이 변하기만을 기다렸는데 변하지 않았다면, 이제 네가 방법을 바꿔야 하지 않을까? 그냥 남편을 그대로 인정해 주고 한 발짝 조금 떨어져서 바라보며 남자와 여자로서는 따로, 엄마 아빠로서는 같이 행동하고 생각하는 것이 좋지 않을까 싶어. 결혼한 사람들은 상대를 '배우자'라고 부르지. 남편에게는 아내가 배우자이고 아내에게는 남편이 배우자이지. 책에서 본건데, 배우자를 한자로 보면 '짝 배, 짝 우', '서로 도와주는 짝'이라는 의미라고 해. 한글로 보면 '배우자', '나의 입장과 너의 입장을 배우자', '30년 가까이 살아온 그 사람의 감성과 문화를 배우자'라는 뜻으로 푼대. 요즘처럼 서른 살에 결혼한다고 보면 따로 30년 동안 살아온 상대를 배우는 데 다시 30년이 걸리고, 상대에 대해 다 배우고 나면 예순이 되는 거지. 예순 이전에 헤어지는 것은 상대에 대해 배우지 않은 거래.

나는 상대를 배우는 데 실패했어. 그래서 이혼한 것 같아."

"그러게… 왜 그 생각을 못했을까?"

"내가 보기에 너희 부부는 서로를 사랑하는 마음은 많은 것 같아. 다만 생활방식과 생각이 영 다른 거지. 서로 다른 두 사람이 부부라는 이름으로 매번 같이하려니 둘 다 힘들어하는 게 아닐까? 그리고 네가 15년 전의 고민과 똑같은 고민을 지금도 한다는 건, 시간이 흘러 나이는 먹었어도 그동안 너의 생각이 전혀 앞으로 나아가지 않았다는 뜻이기도 해. 나는 내 친구가 조금이라도 앞으로 나아가는 삶을 살았으면 좋겠어."

"고마워. 이제 알았으니 실천해 볼게."

"나도 고마워. 충고를 싫다 안 하고 받아들여줘서 고맙고, 그런 너그러운 마음을 갖고 있어서 고마워. 역시 넌 내 친구다."

사주가 주는 지식

사주에는 음양이 있습니다. 음양은 물질적인 면에서는 서로 대립하는 것 같지만 정신적인 면에서는 서로의 균형을 말합니다. 음양은 절대적 개념이 아닙니다. 상대적 개념으로 좋고 나쁨이 없고, 의미의 위와 아래도 없습니다.

음과 양이 서로 의존하지만 또 정확히 나눌 수 없는 균형을 말합니다. 하나이면서 둘인 기운입니다, 부부의 모습을 음양의 화합으로 말합니다.

음양은 균형성과 형평성을 의미하는 것이지 우열을 가리지 않습니다. 음양의 균형이 깨진 부조화가 되면 여러 문제가 발생합니다. 부부의 부조화는 더더욱 혼돈의 상태를 만듭니다. **부부는 음과 양의 만남으로, 서로가 다름을 인정하고 서로에게 맞추려 노력해야 합니다. 그래야 균형이 생깁니다.**

돈을 받을 수 있을까요?

"큰 공사만 터지면 제게 일을 주겠다고 하면서 빌려간 돈이 있는데 받을 수 있을까요?"

"얼마나 빌려줬는데요?"

"한꺼번에 준 건 아니지만 여러 번 나눠서 간 것이 4억 정도 되는 것 같네요."

"많기도 하네요. 그분과 연락은 되세요? 지금 사장님 운으로는 돈을 받기 어렵겠는데요. 타로카드 상황을 보니 그분에게 돈이 없다고 나오네요."

"없어 보여요. 지금 찜질방에서 자면서 지낸대요. 그런데 돈 달라고 전화하면 내일 주겠다, 3일 뒤에 주겠다, 며칠 뒤 주겠다고 미루면서 거짓말만 합니다."

"녹음 다 해놓으셨어요?"

"그전에는 안 했고, 1년 전부터는 계속 녹음 다 해놨습니다. 그런데 거짓말만 해요. 내가 그동안 그 돈 빌려준다고 사채까지 썼거든요. 그동안 저희 집 팔아서 2억 정도는 갚았는데, 지금 급하게 갚아야 할 돈이 3천 정도예요. 그 돈이라도 달라고 하니까 준다준다 하면서 차일피일 미루네요."

"받기 어려우세요. 이미 그 돈은 흘러간 돈이고 다른 돈으로 막으셔야 할 것 같아요. 아마 그분도 사장님에게만 돈이 걸려 있지 않을 겁니다."

"맞아요. 큰돈은 부산에 두세 곳과 서울 한 곳 걸려 있고, 자잘한 돈들은 주변 사람들에게 빌린 것으로 알고 있어요."

"처음부터 돈 따라 들어온 인연 같아요. 사장님에게 공사 일감을 미끼로 사기 치려고 들어온 인연일 거예요."

"그런 것 같아요. 평생을 남의 일 하청 받아 하면서 살아왔는데, 큰 공사 일감이 주어진다니 기대하게 되잖아요."

"그렇죠. 사기를 당하는 것도 내가 이득을 보려는 욕심 때문에 걸려드는 거예요. 사람의 욕심을 이용하는 것이 사기니까요."

"저도 이번 일을 겪으면서 뼈저리게 느끼고 있습니다. 좋은 일이라고 생각되는 것이 꼭 좋은 결과를 가져오지 않을 수 있다는 것을 느꼈어요."

"일단 내 분수에 넘치는 일이 들어서면 의심을 해봐야 해요. 세상은 그렇게 친절하지 않아요. 입안의 것도 빼앗아 가려는 것이 세상인심인데, 누군가 좋은 기회를 내게 준다고 할 때는 '내게 왜?'라는 질문을 먼저 던져봐야 해요. 부모 자식 간에도 돈으로 갈라서는 세상인데, 생판 모르는 남이 나에게 이득을 주려 할 때는 그만한 이유가 있을 거라는 생각을 해야 해요. 돈 따라 들어서는 인연은 결코 선한 경우가 없더라고요."

"그런 것 같아요. 저도 후회가 많습니다."

"올해는 아직까지 금전적인 부분이 풀릴 운은 아니지만, 일감은 늘어날 운입니다."

"일감만 있어도 어떻게든 꾸려갈 수 있어요."

"다행히 올해는 바빠질 운이니 벌어서 처리한다 생각하시고, 돈을 받는 것은 포기하세요. 그래야 정신 건강에 좋을 것 같아요. 돈을 꼭 받아야 된다는 스트레스가 건강을 해칠까 걱정됩니다. 올해는 정신적 보약과 육체적 보약을 먹는 해입니다."

사주가 주는 지식

사주에는 다섯 가지 기운이 있습니다. 해(日)와 달(月)을 제외한 木, 火, 土, 金, 水의 다섯 가지 원소를 말합니다. 음양오행은 봄, 여름, 가을, 겨울의 계절과 연관이 있습니다.

오행은 다섯 개의 기호지만 계절이 끊임없이 순환하는 것과 같습니다. 봄에는 나무가 싹을 틔우고, 여름에는 꽃을 피우고, 가을에는 열매를 맺어, 겨울에는 씨앗을 저장하며 봄을 기다리는 과정을 되풀이합니다. 사람도 자연의 일부이니 예외일 수 없습니다. 사람이 태어나 소년기를 거쳐 청소년, 장년, 중년, 노년을 지나 죽음을 맞이하는 동안 다른 곳에서는 새로운 탄생이 일어납니다. 사물도 마찬가지입니다. 이 세상에 처음 출현하면 발전을 하고, 성장 기간을 거쳐 점점 쇠퇴하고, 소멸하며 재창조됩니다. 삼라만상이 순환하고 반복되는 현상을 오행의 흐름이라고 볼 수 있습니다.

또 다섯 기운인 오행은 서로 도우며 서로 제어를 합니다. 오행의 상생상극입니다. **사주는 오행의 상생상극을 통해 나와 타인의 관계 읽는 법을 알려줍니다. 사주에서 오행의 상생상극은 우리 삶의 희노애락의 고리가 되기 때문입니다.**

사람은 사주팔자의 음양과 오행에 따라 타고난 선천성이 결정되고, 성장 과정에 따라 후천성이 만들어집니다. 후천성에 영향을 미치는 것은 환경과 학습입니다. '나'라고 하는 주인공은 태어남과 동시에 선천성을 타고나며, 성장하면서 받게 되는 각종 요인에 의해 만들어진 존재입니다. 자기 삶의 계절이 어디에 있는지, 어떤 환경적 요인과 경험적 학습을 했는지 살펴봐야 합니다. 그저 눈앞에 보이는 것, 귀에 들리는 것만 쫓아가면 삶의 계절 흐름을 놓치고 방황하게 됩니다. 나와 타인의 상생상극을 읽는 지혜는 나를 먼저 아는 것으로부터 시작됩니다.

전기냐 타일이냐

"제 사주 좀 봐 주세요."

"사주를 풀어보신 적 있나요?"

"이런 곳은 처음입니다."

"태어나서 사주풀이를 처음 해본다 하니 좀 자세히 풀어볼게요. 직장 운이 약한 사주네요. 한 직장에 꾸준히 다니는 모습이 아닙니다. 직장의 질도 좋은 편이 아니군요."

"그렇게 살아왔어요. 지금은 부동산 사무실 직원으로 일하는데, 일이 없어서 무엇을 해볼까 고민 돼서 왔어요."

"처음부터 기술을 따라갔으면 한 직종의 장인이 될 수도 있는 사주네요. 몸 편한 일만 찾아다니신 것은 아닌가 싶네요. 지금이라도 기술을 배우시길 권합니다."

"그랬죠. 그렇잖아도 주위에서 전기 기술이나 타일 붙이는 기술을 권하는데, 어느 곳이 제게 맞을까요?"

"전기보다는 타일 쪽을 권합니다. 예술성이 있는 사주라 처음엔 타일 붙이는 일이 고될 수 있는데, 어느 정도 손에 익으면 자신만의 작품 만드는 일이 되지 않을까 싶어요."

"저도 전기 쪽 일은 몇 번 따라다니며 해봤는데 재미가 없더라고요."

"전기보다는 타일이 사주에 더 잘 맞습니다. 지금부터 3년 정도 배운다 생각하고 전념하시면 좋겠어요."

"나이가 많은데 늦지 않을까요? 제가 마흔이 넘었는데 무언가를 배워서 시작한다는 사실에 두려움도 있고, 나이에 비해 너무 늦게 일을 시작하는 건 아닌지 고민이 되어 왔어요."

"무슨 나이 타령입니까? 이제 겨우 마흔두 살인데. 10년 법칙이라는 말이 있잖아요. 어떤 일에 10년 정도를 몰입하면 프로가 된다는 법칙이죠. 지금부터 10년을 하셔도 쉰두 살. 다시 10년을 돈 버는 시간으로 써도 예순두 살이네요. 그 뒤에도 충분히 건강만 유지하면 할 수 있는 기술이잖아요."

"그럴까요? 지금까지 제대로 된 직장도 없었고, 모아둔 돈도 없고, 결혼을 한 것도 아닙니다. 이 나이에 뭔가를 배운다는 것이 맞는 일인가 싶어서요. 과연 배워서 써먹을 수 있는 운은 있는지 알고 싶었어요."

"배움에 나이가 어디 있습니까? 충분히 써먹을 수 있을 거예요. 공자님이 40대를 불혹이라고 하셨잖아요. 그 말은 공자님도 마흔까지는 많이 흔들렸다는 의미 아닐까요? 사람들이 제게 묻곤 합니다. 직업을 몇 살까지 찾아야 좋겠냐고. 그럼 제가 직업을 찾는 데 나이가 무슨 상관이냐고 되묻곤 해요. 더더욱 40까지는 자신의 직업을 찾는 데 혼신을 다해 보라고 권하죠. 마흔이 되는 동안 거쳐 온 일들은 내가 잘할 수 있는 것과 못하는 것, 좋아하는 것과 싫어하는 것을 구분하는 연습 구간이었다고요. 그러면 싫어하고 못하는 것은 알게 되잖아요. 그러니까 이제 싫어하는 일들은 하지 말고, 잘하고 좋아하는 일에만 전념을 다하면 되잖아요. 지금까지는 폼 나는 일, 몸이 힘들지 않은 일만 찾아왔다면, 이제는 고되더라도 자신의 능력을 발휘할 수 있는 일을 찾아보는 것이 맞을 것 같아요."

"저도 타일 쪽으로 마음이 많이 갔습니다."

"저도 타일 쪽을 권하게 되네요. 타일 기술을 배워 밥벌이로 하면서 타일을 이용한 예술적인 활동도 하면 나중에 멋진 타일 예술가가 될 수도 있잖아요. 자신의 사주에 잘되어 있는 것을 따라가면 일이 수월하고 적성에 맞는 걸 많이 보게 돼요."

"제 나이가 마흔둘이나 되어 가능한 일일까 걱정되기도 했는데 잘 왔다는 생각이 듭니다."

"3년 배워서 30년 써먹으면 그것이 잘 맞는 일이겠죠. 열심히 해보세요."

사주는 사주팔자와 대운으로 이루어져 있습니다. 숫자로 표시되어 있는 사람의 태어난 년, 월, 일, 시를 기호로 바꾼 것이 사주팔자입니다. 사주팔자는 대운이라는 환경에 따라 모습을 달리합니다.

사주 해석을 할 때는 원국의 사주와 대운을 합하여 다섯 개의 기둥을 분석합니다. 오주(五柱)의 모습에 따라 삶의 곡선이 그려집니다. 내려가기도 하고 올라가기도 합니다. 이 곡선 그래프를 우리는 운명이라고 부릅니다.

사람마다 그래프의 곡선이 다릅니다. 올라가는 선에 위치한 사람도 있고 내려가는 선에 있는 사람도 있습니다. 곡선의 꼭대기에 도달한 사람도 있고 밑바닥을 치는 사람도 있습니다. 시작과 끝이 다릅니다.

그러나 분명한 것은, 내려가면 올라가고 올라가면 내려오는 곡선을 그리게 됩니다. **좀 늦게 올라가더라도 정상은 있습니다. 정상에 올랐다면 내려오는 선도 미리 알아채야 합니다.** 나이 문제가 아닙니다. 우리는 운명곡선 그래프 어디쯤인가를 걷고 있을 뿐입니다. 남들과 비교할 필요도 없습니다. 우리는 태어남과 죽음 사이 어딘가를 지나고 있습니다. 삶은 과정일 뿐입니다.

능력 있는 여자의 결혼 상대를 구하는 조건

"얼굴도 예쁘고 예의 바르고 목소리도 좋네요. 사주가 기대 돼요."

"감사합니다."

"어디서 일해요? 사주에 나타난 직업은 금융이나 세무, 회계, 경리 같은 남의 돈 관리하는 일이 어울릴 것 같네요."

"법인에서 회계 담당 및 비서직을 맡고 있어요."

"그랬군요. 나이에 비해 깊이가 있어 보이더니, 사람을 많이 상대하는 일을 하시네요. 보기 좋아요. 태도도 바르고 어머님의 기대가 크시겠어요. 그런데 마마걸에 가깝죠?"

"그런가요? 엄마 말을 잘 듣는 편입니다."

"사주도 좋고 운도 좋아요. 단 부족한 부분이 남편 자리네요. 본인의 사주는 늦봄의 태양으로 태어났어요. 봄의 태양이 하는 일은 추위를 밀어내고 온 세상의 생명에 힘을 불어넣는 작용을 하죠. 하늘에 떠 있는 태양은 그 자체만으로도 귀하죠. 존재만으로도 소중한 사람이네요. 그런데 태양의 기운을 가지고 있다 보니까 위에서 세상을 굽어보는 눈을 갖고 있죠. 즉, 사람들의 단점을 쉽게 발견한다는 거예요. 특히 남자와 사귈 때 상대의 단점을 쉽게 알아채니 금방 싫증을 내게 되죠."

"맞아요. 제 탓이었나요? 저는 부족한 조건의 남자들이 다가오기 때문이라 생각했어요. 어쩜, 하나같이 조건이 좋지 못한 남자들만 다가오는지 모르겠어요."

"아마 세상 어디에도 본인을 만족시킬 조건의 남자는 없을 것 같아요. 이 세상에 완벽한 남자나 사람은 없거든요. 또 부부궁에 남편이 앉아 있지 않고 엄마가 앉아 있는 모습이에요. 이런 구조는 따님의 결혼 생활에 엄마의 간섭이 많거나 엄마와 가까이 지내는 경우가 많아요. 결혼 후에도 그렇게 하면 당연히 남편은 싫어하겠죠?"

"엄마가 저를 많이 챙겨주시거든요. 결혼에 대한 엄마의 조언이나 결혼 후 엄마의 도움도 많이 받을 것 같아요."

"가까이서 도와주는 것이 잘못된 것은 아닌데, 지나치면 남편이 엄마를 불편해 할 수 있겠죠. 그리고 사주에 남편 그릇이 약합니다. 남편 그릇이 약한 사주는, 자신보다 남자의 능력이 부족하다든지 직업이 맘에 들지 않는 상대를 만나거나, 남들이 괜찮다고 평가하는 상대도 본인은 부족한 남자라고 느낄 수 있어요. 그런데 어머님에게는 상당히 잘난 따님이기 때문에 잘난 남자를 사윗감으로 원하실 것 같네요."

"네, 엄마가 많이 고르고 계셔요."

"한 번 생각해 볼까요? 지금 본인의 사주는 여자지만 여덟 글자가 모두 양으로 이루어져 있어요. 자신의 에너지를 충분히 가지고 있죠. 또 앞으로 살아갈 운도 참 좋습니다. 요즘은 여자 사주에 양의 기운이 많은 것을 좋게 봐요. 사회활동 하기에 좋은 에너지거든요. 그렇다면 전업주부의 여성상이기보다는 직업을 가지고 자신의 커리어를 쌓아가는 것이 유리해요. 만약 자신의 기질을 제대로 펼치지 못하는 삶을 살게 되면 불만이 쌓일 거예요. 남자도 양, 여자도 양이니 화합보다는 경쟁, 부부싸움이 많아질 가능성이 높아요. 한 집안에서 누군가는 져주기도 하고 희생하기도 해야 집안이 원활하게 흘러가죠."

"저는 집안일이나 하면서 남자를 위해 희생하며 살고 싶지 않아요. 제 일을 하면서 살고 싶어요."

"그렇겠죠. 그러려면 남자의 조건보다 진정으로 사랑해 주는 남자를 만나면 좋겠어요. 여자의 능력을 인정해 주면서 배려해 줄 남자가 좋을 것 같아요. 자연히 상대의 사주는 음의 기질이 좀 있으면 더 좋겠죠? 제 생각에는 조건이 조금 부족한 듯한 남자도 괜찮을 것 같네요. 너무 조건이 좋은 남자는 여자의 성공보다 자신의 능력 발휘를 우선시할 가능성이 높더라고요. 그럴 경우에는 대부분 여자 쪽이 희생을 하게 되고요. 남자가 능력 있으니 찾는 곳이 많을 것이고, 자연히 여자를 위해 챙겨줄 시간보다 밖에서 활동하는 시간이 많지 않겠어요? 남자가 아무리 도와주고 싶은 마음이 있어도 물리적 시간이 부족할 거예요."

"엄마는 조건이 부족한 남자는 반대하실 거예요."

"그러시겠죠. 부모 마음이니까요. 또 사주에 남편 자리가 비어 있는 구조네요. 자식 자리가 있으니 결혼은 하실 수 있지만 늦게 결혼한다든지, 주말부부나 교대 근무, 각방 사용, 기러기생활 등의 부부 형태가 어울려요."

"저도 같이 지내는 것보다 주말부부 정도가 제 성격에 딱 맞을 것 같아요. 살림 살면서 직장 다니기가 제 성격에 힘들 것 같아요. 아님, 집안일을 나눠서 하거나 아예 다 해주는 남자도 좋겠다는 생각을 해요."

"그런데 결정적으로 지금 결혼할 의사가 별로 없죠?"

"맞아요. 저는 지금도 너무 행복한데 주변에서 결혼 이야기를 자꾸 하니까 그것이 스트레스예요. 저는 공부도 더 하고 싶고, 돈도 더 벌고, 제 커리어를 더 쌓고 싶어요. 결혼은 하면 좋고 안 해도 괜찮을 것 같은데, 서른이 넘어서니 주변에서 결혼 때문에 은근히 스트레스를 줘요. 그럼 저는 언제쯤 결혼하게 되나요?"

"요즘은 보통 일찍 결혼한다는 나이가 서른두 살 전이죠. 늦은 결혼은 서른여덟 후로 봐요. 그 사이는 평균적인 결혼 연령이죠. 올해부터 결혼 운은 들어와 있으나 늦은 결혼을 권합니다. 말을 들어보니 남자의 조건보다는 여자의 능력을 인정해 주고 뒷받침 해줄 수 있는 남자를 배우자로 만나는 것이 좋을 것 같네요. 그래야 사주의 밸런스가 맞아 잘살 것 같아요. 그러려면 조건보다는 상대방의 인품을 보고 사랑해 주는 남자를 선택하세요. 남자 중에는 부인이 잘되면 질투하는 남자도 많거든요."

"저도 그런 남자 만나봐서 알아요. 찌질하게 구는 남자가 의외로 많더라고요. 제가 생각한 배우자상과 일치하는 부분도 있고 의외의 부분도 있네요. 잘 나가는 남자 조건보다는 나를 인정해 줄 남자를 선택하라는 말씀은 공감이 가요. 다만 엄마가 절대로 그런 선택을 하게 놔두지 않을 거예요. 일단 좀 더 결혼 문제는 지켜볼게요. 지금은 결혼보다는 제 능력을 더 쌓고 싶어요."

자연의 다섯 가지 기운에게는 각자 해야 할 일이 있습니다.

木의 할 일은 꽃을 피우고 열매를 맺는 역할도 있고, 쑥쑥 자라 재목으로 쓰이는 역할도 있고, 산사태를 막아주는 역할도 있습니다. 생명이 다하면 따뜻한 불쏘시개가 되어주기도 합니다.

火의 할 일은 태양 빛을 내려주어 생명을 키워내기도 하고, 추위를 몰아내기도 합니다. 전등 빛은 어둠을 밝힙니다. 용광로 불은 쇠를 제련하여 인간 세상에 필요한 물건을 내어놓습니다.

土의 할 일은 전답에 곡식을 키워내고 산에 나무를 키워냅니다. 댐을 막아 생명수인 물을 저장합니다. 땅속에는 여러 가지 광물자원을 숨겨 놓았습니다.

金의 할 일은 연장이 되어 나무와 곡식을 키웁니다. 여름에서 가을로 계절을 변화시키며 더위를 식혀줍니다. 흙의 쓰임을 활성화시킵니다. 물의 근원지가 됩니다.

水의 할 일은 땅을 적셔 나무를 키웁니다. 불을 다스리기도 합니다. 흐르고 흘러 세상을 깨끗이 정화해 줍니다.

사람도 누구나 역할을 가지고 태어나는 것 같습니다. 여자, 남자의 문제가 아닙니다. 한 인간으로서의 소명입니다. 그런데 세상에는 여자의 조건, 남자의 조건이라는 잣대가 존재합니다. 결혼 상대를 찾을 때는 이 조건이 더 엄격해집니다. **자연의 이치처럼 조건보다도 각자의 세상에 대한 쓰임을 최대한 지지해 주고 살려줄 수 있는 상대를 만난다면, 순리를 따르는 삶에 가까워지지 않을까 생각해 봅니다.**

2장

◇◇◇◇◇

운명의 장난이라고?

칼로 물 베기가 아니에요

"제가 며칠 전에 찾아가서 잘못했다고 했어요. 그리고 사랑도 나누었어요. 그런데 사랑을 나누고 하는 말이, 자신은 세 가지 일이 용서가 안 된대요. 다시는 찾아오지 말래요. 우리 관계는 끝났다는 거예요. 그 뒤로 문자도 연락도 안 받아요. 화가 나 있었다면서 어떻게 나를 안고 사랑을 나눌 수 있었죠? 자존심 상하고 기분이 더러워요."

"남자는 가능해요. 화가 나 있었지만 몇 년 동안 잠자리 나누던 관계인데 가능하죠. 여자는 머리와 가슴으로 사랑을 하지만 남자는 몸으로 한대요."

"제가 진심으로 잘못했다고 그랬어요. 그런데 왜 아직 화가 난 거죠?"

"사과는 상대가 받아들여야 '사과'래요. <어쩌다 어른>이라는 TV프로그램에서 손경이 강사가 한 말이에요. 지금 달랑 사과 한 번 하고선 상대가 왜 아직도 화를 내느냐며 또 화를 내고 계시잖아요. 저도 누군가에게 사과할 일이 있었어요. 출판기념회에 오신 분들 소개를 하는데, 한 분의 소개 타이밍을 놓쳤어요. 처음으로 큰 행사를 리허설 없이 진행한 터라 너무 긴장해 있었고, 중간에 소개해야 할 친구 한 명 이름이 생각나지 않아서 무척 당황한 상태였거든요. 출판기념회가 끝나고 정말 몇 번이나 진심으로 사과했어요. 그분이 상처를 받았을 테니까요. 제 마음을 이해해 주시고 제 사과를 받아들이기까지 반복적인 사과를 했어요. 이렇게까지 해야 하나 싶을 정도로 깊이깊이 마음을 전했어요. 아마 마음은 푸셨겠지만 상처는 마음에 남아 있을 거예요. 나는 실수였어도 관계를 회복하는 데 오랜 시간이 걸렸어요. 하지만 본인은 일부러 그 사람 마음 아프라고 독한 말들 쏟아내서 상처 주었잖아요. 그러면서 '내가 사과했는데, 사과하고 사랑도 나누었는데'라는 생각이잖아요. 남녀 싸움이 칼로 물 베기 같다지만 반복적인 상처는 그대로 가슴에 남아 있어요. 사람과 사람 사이의 관계잖아요. 한 번 깨진 마음을 붙이는 데는 거듭거듭 사과하고 좀 더 잘 대해 주는 방법밖에 없어요. 그 사람을 잃고 싶지 않다면요. 일본이 그 '사과'라는 것을 못해서 우리나라가 이렇게 감정적이잖아요. 독일은 지금도 기회가 있을 때마다 사과하잖아요. 유럽이 독일을 중심으로 뭉칠 수 있는 이유 같아요. 한 번 사과하고선 상대가 화를 풀지 않는다고 지금 되레 화내는 그 마음부터 돌아보셔야 그분을 잡을 수 있을 것 같네요. 며칠 있다가 다시 만나 또 처음처럼 진심으로 사과해 보세요. 열 번이고 스무 번

이고 하세요. 본인이 잘못했으면서 상대가 사과를 안 받는다고 화내면
안 돼요."

"그런 줄 몰랐어요. 사과 한 번도 제 자존심을 다 내려놓고 한 일이
라 제 깐에는 무척 힘든 일이었거든요. 제가 남자보다 나이가 많이 어
리고 남자가 저를 정말 사랑해 줘서 기고만장 했었나 봐요. 몇 년 동안
제 기분대로 그분을 대해 왔거든요. 그러다 이런 일이 생겼는데… 아
직도 사태 파악을 제대로 못했네요. 더 노력해 볼게요."

남녀가 만난다는 것은 다른 세상에 존재하던 사람들이 어느 순간
'시절 인연'에 의해 같은 공간과 시간에 존재하는 것입니다. 그 이상도
이하도 아닙니다. 특별한 사건일 뿐입니다.

**남녀가 만난다는 것은, 네 개의 기둥 속 여덟 개의 글자가 다른 네
개의 기둥 속 여덟 개의 글자와 만나는 것입니다,** 사주와 사주가 만났
습니다. 여덟 개의 기둥과 열여섯 개의 글자가 합해지며 새로운 에너
지를 만들기 시작합니다.

남녀가 만난다는 것이 참 단순하죠? 그런데 사람들은 그 열여섯 개
의 조화를 생각하는 것이 아니라, 나의 네 개의 기둥 속 여덟 개의 재
료는 그대로 둔 채 상대의 네 개의 기둥 속 여덟 개만 변해서 내게 맞
추길 원합니다. 상대만 바꾸길 원하니까 미움이 생기고, 원망이 생기

고, 대립하게 됩니다.

　그런데 가만히 생각해 보세요. 내 사주의 여덟 글자가 변하지 않듯이 상대 사주의 여덟 글자도 변하지 않는 고유한 것입니다. 상대 사주의 여덟 글자가 변한다는 것은 그 존재가 사라짐을 의미하는 것입니다. 죽음입니다. **우리는 상대가 변하기를 원하는 것이 상대의 죽음을 원하는 무서운 일이라는 것을 알지 못합니다.** 상대가 변하길 바라는 우리는 서로에게 무서운 존재들입니다.

삶에 대리만족은 없어요

"고성에 살던 지인이 집을 내놓고 이사를 하게 되었어요. 제가 보기에 그 터가 정말 마음에 들어서 남에게 팔기 아까워요. 저는 살 형편이 안 돼서 친구 아들에게 권하려 합니다. 괜찮을까요?"

"친구 아드님에게 문서 운이 있는 해입니다. 문서 계약에 유리한 운이니 일단 괜찮고요. 풍수적으로 집터 운도 괜찮은 것 같으니 권해 주셔도 좋을 것 같아요."

며칠 후.

"친구가 주변의 어떤 대가에게 물었더니 돈이 썩어나도 사면 안 된다고 했다면서 한 발 물러서네요. 친구 며느리는 사진 보고 정말 좋아하는데 제가 계속 권해도 될까요?"

"모든 결정은 본인들이 하는 거예요. 우리는 거들 뿐이죠."

"그래도 너무 아까운 곳이에요. 제가 아까운 마음이 들어서 자꾸 권하게 되네요."

"땅도 집도 어떤 장소도 인연이 있어요. 인연대로 가도록 너무 깊게 권하지 마세요."

"아까워서… 친구 아들 내외가 그 근처 동네에서 좋은 장소를 찾고 있었대요. 사원들 연수원으로도 쓰고 가족들 휴양지로도 쓸 수 있는 장소를 찾고 있었다고 했어요. 그 땅이 정말 좋거든요. 제가 살 수 없는 형편이니 대리만족이라도 할 수 있으려나 싶어서요."

"삶에 대리만족이 있을까요? **대리만족을 하려면 타인을 설득해야 하고 강요하게 되는 것 같아요.** 내 마음과 생각대로 타인을 조정하려 하게 되죠. 그 사람을 위해서라는 이유로요. 그러다가 내 마음과 생각대로 안 되면 상처받고 속상하고 섭섭해서 화를 내게 되죠. **결국 대리만족도 욕심에서 나와요.** 흔히 부모들이 자식을 통해 대리만족하려는 마음 때문에 자식과 갈등을 빚잖아요."

"삶에는 대리만족이 없다는 표현이 좋네요. 제가 욕심을 냈었나 봐요."

"좋은 곳을 알려주고 소개해 준 것으로 만족하시고요. 더 이상 깊게 권하지 마세요. 선택과 결정은 모두 자신들이 하는 겁니다."

사주가 주는 지혜

사주로 보는 운명의 가짓수는 51만 8천 4백 가지입니다. 이 많은 숫자의 운명 중에서 사람은 자신만의 운명을 가지고 태어났습니다.

사주라는 것도 사람이 태어난 순간을 기준으로 하기 때문에, **사람이 태어나고 사주라는 것이 생긴 것이지 사주가 있고 사람이 태어나진 않았습니다. 사주가 중요하다지만 사람의 의지가 더 소중하다는 뜻입니다.**

자신에게 부여 받은 운명의 자동차는 자신이 운전대를 잡고 굴려가야 합니다. 남의 운명을 비교하거나 부러워할 필요 없습니다. 대신 굴려줄 수도 없습니다. 나는 나의 운전대를 잡고, 너는 너의 운전대를 잡고 가는 겁니다. 내가 내 운명의 운전대를 놓치는 순간, 내 운전대는 다른 사람에 의해 조종됩니다. 또한 남의 운전대까지 내가 잡고 가려고 하면 역부족이 됩니다. **남의 운명에 기웃거리지 말고, 내 운명의 운전대라도 똑바로 잡아야 합니다.**

나만 아들이 없어요

"저희 친정이 자라면서도 그렇고 지금도 아들이 아니면 무시하는 분위기예요. 저는 딸만 둘이에요. 둘째를 낳고 더는 아기를 낳지 않겠다고 피임주사를 2년이나 맞았어요. 그런데 저와 한 살 차이 올케가 아들을 낳고 나니 친정 분위기가 저만 아들을 못 낳는 사람이 되었어요. 언니랑 오빠 네가 모두 아들딸을 낳았는데 저만 딸 둘이라 자존심이 무척 상해요. 제가 아들을 낳을 수 있을까요?"

39세 여자의 상담입니다.

"아기 낳는 것이 무슨 붕어빵 찍어내는 것도 아니고, 자존심 상해서 아기를 낳으려 하다니 뭔가가 잘못 되었네요. 아기가 인생의 구색 맞추는 액세서리도 아니고, 그런 이유로 아기를 낳고 싶다는 발상은 위험하지 않나요?"

"저도 제 마음이 변할 줄 몰랐어요. 딸 둘만 잘 키우면 되겠지 했는데, 갑자기 간절히 아들을 낳고 싶어졌어요. 어디 가서 물으니 제 사주에 아들이 있다고 하던데, 제가 아들을 낳을 수 있을까요?"

"사주에는 여러 명의 자식이 암시되어 있어요. 그중에 아들도 있을수 있겠죠. 그런데 꼭 다음 자식이 아들이라는 보장은 없어요. 생과 사는 하늘의 일이니까요. 다만 작년에 아기 운이 지났어요. 임신했더라도 유산기가 있었을 것 같아요. 내년에 아기 운이 있는데, 사주 구조상딸일 확률이 높네요."

갑자기 상담자의 눈이 붉어지며 펑펑 울기 시작합니다.

"왜요? 왜 갑자기 울어요?"

"사실은 제가 아들이 갖고 싶어서 작년에 임신을 시도했다가 10월에 자연 유산되고 올 1월에 또 유산이 되었어요. 병원에서 검사를 해보니 습관성 유산이 될 확률이 높다더군요."

"그랬군요. 몸도 마음도 많이 아팠겠어요. 몸부터 챙겨야 될 것 같네요. 여자는 유산을 하게 되면 몸이 많이 망가져요. 그런데 구색을 맞춰서 꼭 아들을 낳아야 할까요? 사주 구조가 자식이 많을수록 남편과 사이가 벌어지는 구조예요. 사주에는 배우자 자리라는 것이 있어요. 배우자 자리에 남편이 아니라 자식이 앉아 있는 모습이에요. 이런 구조에는 자식을 낳으면 점점 남편과 사이가 멀어질 확률이 높아요. 그나마 딸은 덜한데 아들을 낳으면 정말 부부 사이가 멀어질 수 있는 구조에요. 그리고 이 사주에 아들을 낳는다고 가정하면 사주가 정말 한쪽으로 치우쳐요. 그러면 건강도 무너져요. 또 앞으로 3년 내에 아들을 낳는다고 가정했을 때, 아기의 띠를 대입해 봐도 남편과 본인 건강에 이상이 올 구조라서 지금 가지고 있는 것들에 변화를 가져올 가능성이 높아져요. 그래도 아들을 낳고 싶으세요?"

"시어머니도 원하는 것 같고, 친정에서는 아들 못 낳는다고 무시하는 분위기라서 낳고 싶어요. 방법이 없을까요?"

"참 딱하네요. 잘 키우고 싶어서가 아니라 주위의 시선과 자존심 때문에 자식을 낳고 싶다니 뭐라고 말해야 할지⋯. 지금 딸 둘이 이 사실을 안다면 얼마나 슬퍼할까요. 제가 스무 살에 버스를 타고 가다가 우연히 업이란 무얼까 생각한 적이 있어요. 생각 끝에 얻은 결론은, 업 중에 가장 큰 업이 자식을 낳는 일이 아닐까 싶었어요. 요즘 아이들 자라는 모습을 보면, 어린이집부터 유치원, 초등학교, 중학교, 고등학교, 대학교, 취업까지⋯ 결코 만만하지 않은 시간을 보내야 해요. 결국 한 생명을 탄생시켜서 살아가는 동안 희로애락을 모두 겪게 하는 일이 가장 큰 업을 짓는 것 아닐까요? 그렇다면 아이를 낳으면 낳을수록 업의 무게가 더 커지지 않겠어요? 지금 있는 두 딸의 소중함을 알고, 그 아이들을 잘 키우는 것이 더 중요하지 않을까요? 태어나지도 않은 아들만 생각하고, 다음에 꼭 아들이라는 보장도 없는 상태에서 이렇게 자꾸 울면서 아들 낳기만 소원하면 두 딸은 뭐가 될까요?"

"시어머님이 어디 가서 물어봐도 남편에게 아들이 있다고 하던데, 남편에게 아들은 없나요?"

"물론 남편의 사주에 아들을 낳을 확률은 있지만, 남편 사주에도 아들의 기운을 대입하면 결코 바람직하지는 않아요. 딸이라는 기운은 좋은 영향을 주는데, 아들이라는 기운은 부모 사주와 합이 되면서 다른 변화를 가져올 확률이 높아져요. 저의 친정아버지께서 아들 못 낳는다고 어머니를 엄청 구박하셨어요. 어머니는 딸을 여섯이나 낳으셨어요. 결국 막내아들을 낳았는데, 남동생 아홉 살에 아버지가 돌아가셨어요. 제가 아버지 관 앞에 앉아서 따졌어요. 그렇게 원하던 아들을 키우지도 못하고 죽을 거면서 왜 그렇게 어머니를 구박했느냐고요. 가끔은 없는 것이 더 나을 때가 있다는 것을 그때 알았죠. 지금 곁에 있는 두 딸에게 더 잘해 주면서 행복한 가정생활을 하면 안 될까요?"

"친정어머님이 기도하면 아들을 낳을 수 있다고 하는데, 정말 기도를 하면 아들을 낳을 수 있을까요?"

"그렇구나. 아들이 그렇게 낳고 싶으니 어쩔 수 없네요. 올해 임신을 하더라도 또 유산기 있으니 조심하고, 우울증이 있어 보이니까 치료도 좀 하세요. 기도는 안 하는 것보다 낫겠죠. 어머님 따라서 기도 열심히 해보세요."

"곰곰이 생각해 봐야겠어요."

사주가 주는 지혜

사주에서 '비겁'은 나와 같은 오행을 뜻합니다. 비겁이 뜻하는 육친으로는 형제자매, 친구, 동료 등 나와 어깨를 견주는 사람들을 의미합니다.

사주를 해석할 때 비겁은 나를 도와주는 오행으로 내 편이라고 분류합니다. 내 편이라서 대체로 좋은 의미로 쓰이지만 나와 경쟁도 합니다. 부모의 사랑을 받기 위해 경쟁을 하고, 재물을 나누기 위해 경쟁을 합니다.

형제자매, 동료, 친구들이 긍정적 작용을 할 때는 나의 뒷배경이 되어주며, 내가 주체성을 세우고 독립성을 키우는 데 도움을 줍니다. 그러나 부정적 작용을 할 때는 경쟁의식으로 인해 쟁취욕이 강해집니다. 쟁취욕은 비교와 질투에서 생깁니다. 우리는 비교와 질투를 먼 곳에 있는 사람들에게 하지 않습니다. 나와 어깨를 견주는 사람들에게 합니다.

상대가 내 사주에서 비겁이라는 존재로 내 편이 되기도 하고 나와 어깨를 견주기도 하지만, 상대의 사주로 들어가면 나는 다른 존재입니다. 나의 역할이 달라집니다. 상대에게 좋은 역할만 하는 존재는 아닙니다.

상대 사주에도 부족함은 있습니다. 그 사람의 일부분 중에 내가 갖고 있지 않은 부분만 비교하고 질투하기 때문에 스트레스를 받고 괴로워하는 것입니다. 상대 사주에는 없는데 내 사주에만 있는 것도 있습니다. **내게 없는 부분만 바라보지 말고 내가 가지고 있는 것을 찾아 발전시키는 편이 훨씬 낫습니다.** 비겁의 의미 중 나도 상대도 서로에게 배경이 되어주는 존재가 되면 좋겠습니다.

자신의 복을 지키는 행동

"남편이 지난 1년 동안 고생했다고 차를 바꿔준대요."

"잘됐네요. 타시는 차는 오래되었나요?"

"아니오. 한 3년 탔나 봐요. 아직은 잘 타고 있어요. 남편이 그 말을 해서 알겠다고 했어요. 그 뒤에 남편이 수입차 리스 하는 후배를 소개시켜 주었어요. 그 뒤로 후배가 자꾸 전화 오고 일하는 곳에 찾아와 곤란해 죽겠어요. 제가 수입차를 타도 될까요?"

"수입차를 타시든 국산차를 타시든 제가 상관할 일은 아닌 것 같은데… 현재 무슨 차를 타고 계시나요?"

"소나타요."

"그 후배는 어떤 차를 권하는데요?"

"벤츠나 제네시스요."

"혹시 사람 만나는 일이 많으세요?"

"아니요, 집과 가게만 오가요."

"모임이나 특별히 만나는 분들이 계시나요?"

"아니요. 모임에 가더라도 남편과 같이 가기 때문에 제 차를 탈 일이 거의 없어요."

"제 생각엔 굳이 그렇게 좋은 차를 타실 이유가 없어 보이는데, 어때요?"

"저도 그렇게 생각해요. 그런데 후배가 남편 말 듣고 자꾸 찾아오니 어떻게 해야 하나 싶어서요. 남편은 법인으로 리스를 해서 비용이 처리되니 괜찮다고 하네요. 제가 타고 있는 차는 직원 영업용으로 쓸 생각인가 봐요."

"타시는 차의 처리 방법도 나왔고 새 차 구입 방법도 있으니 어떤 차를 타시든 상관은 없을 것 같네요. 그래도 제게 조언을 구하셨으니 말씀드리자면, 제 생각엔 지금 타는 수준의 차로 새로 구입하는 것이 어떨까 싶네요. 사람에겐 '복통장'이라는 게 있는데, 그 통장에 쌓인 복도 아껴 쓸 수 있으면 좋지 않을까요? 좋은 수입차를 타시면 잠깐의 만족감은 있겠지만 효율적이진 않을 것 같아요. 영업을 하는 것도 아니고 사람을 만나는 것도 아닌 분이, 시장에 다니고 은행에 다니면서 타고 다니기엔 좀 과한 차 같아요. 형편이 되어 타는 거지만 제게 의논하는 걸 보면 본인에게도 부담스럽다는 생각이 들었나 봐요."

"맞아요. 딱히 뭐라고 말할 순 없지만 불편해서 의논을 드린 거예요. 복을 아껴 쓰라는 말이 좋네요. 제게 맞는 크기의 차로 바꿔야겠어요."

"네. 자신이 노력해서 쌓은 복이지만 자신이 필요하지 않는 부분에 소비하게 되면 어디선가 그 복을 정작 사용하고 싶을 때 부족할 수 있어요. **남에게 보이는 것이 아니라 자신에게 맞는 소비를 하는 것도 복을 지키는 행동이라 생각합니다.**"

"그렇게 할게요. 어쩐지 의논하고 싶더라니까."

사주가 주는 지혜

사주는 시간의 학문입니다. 언제 취직이 돼요? 언제 집이 팔려요? 언제 결혼해요?

우리가 사주를 많이 이용하는 삶의 부분은 '언제'입니다. 우리 삶이 시간 선상에 흘러가고 있기 때문입니다.

'언제인가'의 해답은 봄, 여름, 가을, 겨울입니다. 우리 삶에 가장 영향을 주는 것이 계절입니다. 그리고 우리는 알고 있습니다. 봄이 지나면 여름이 오고, 가을이 기다리고 있다는 것을….

힘들 때 6개월만 버티라는 말이 있습니다. 봄에서 시작한 기운은 여름에 맹렬히 타올랐다가 가을이 되면 잦아듭니다. 1년을 살아보면 1년 내내 힘들지는 않습니다. 힘든 가운데에서도 분명히 편안히 지나는 때가 있습니다. 그 기준이 6개월입니다.

사주를 해석하면서 운의 흐름을 살피는 것은 기본입니다. 운은 일단 방향이 정해지면 5년, 10년, 30년 단위로 흐릅니다. 운은 한 방향으로 계속해서 움직이려는 속성을 가지고 있습니다. **살면서 '좋은 운이다'라고 느껴지면 계속해서 같은 방향으로 흐르도록 도와주어야 하고, 나쁜 운으로 흐르는 것 같으면 빨리 운의 방향을 바꿔줘야 합니다.**

운의 방향을 바꾸는 방법 중에 '감사하기'가 있습니다. 삶을 훌륭하게 이끄는 사람들이 공통적으로 말하는 것이 '운이 좋았다'며 감사해합니다. 내가 잘나서가 아니라고 생각합니다. 그리고 절제의 생활을 합니다. 좋은 운을 아껴 쓰기 위해서입니다.

질량보존의 법칙이 있습니다. 운에도 적용되는 법칙입니다. 끝없이 좋은 운이 이어지지는 않습니다. 주위에 감사해 하면 나쁜 운이 지나가더라도 누군가 도와줍니다. 절제하면 나쁜 운에도 가볍게 지나갑니다. **감사와 절제는 운을 다루는 좋은 방법입니다.**

좋은 운이었다고요?

"제 운이 어떤가요?"

"올해 고전하시는 운이세요. 흐르는 물이 잠시 멈춰서는 해예요."

"그동안에도 힘들게 살아왔는데 또 힘들면 어떡해요?"

"네, 고생하셨어요. 그런데 올해는 좀 더 수성하셔야 해요."

"제가 아홉수라서 그런가요? 제가 스물여덟 살에 결혼했어요. 스물 아홉 살에 시어머님이 제게 돈 달라고 정말 힘들게 해서 서른 살에 이혼했거든요. 서른아홉 살에는 파산까지 고민할 정도로 돈 때문에 힘들었어요. 지난 10년 동안 빚 갚아가면서 살아왔어요. 그런데 올해 또 뭔가 자꾸 막히는 느낌이에요."

"특별히 아홉수여서라기보다 올해 운이 멈춰서는 운이라서 그래요. 그동안 빚 갚느라고 고생하셨네요. 그런데 파산을 안 하고 빚을 갚아왔다는 것은, 물론 본인은 힘들었지만 갚을 수 있는 벌이가 되셨다는 얘기입니다. 그 운이 결코 나빴다고 할 수 없어요. 사람에게는 최대 -30%까지 내려갈 운이 있고요. 최대 +30%까지 올라갈 운이 있어요. 무작정 내려가거나 무작정 올라가지 않아요. 철학관에서 상담을 하면 '지켜라, 수성하라, 엎드려라, 하지 마라' 그럽니다. 그것은 -30% 밑바닥까지 내려갈 것을 -10% 정도에서 멈추도록 엎드리라는 말이에요. 사람들은 그렇게 생각 안 해요. 금방 만회할 수 있을 거라고 생각하죠. 그러다 보니 -30%까지 모두 내려갑니다. 보통 운은 5년, 10년, 20년 단위로 움직이는데 쉽게 1~2년이나 한두 달 사이에 좋아지리라고 생각해요. 운이 좋은 때보다 내려간다 싶을 때, 고전한다 싶을 때가 더 중요하다는 얘기예요. 운이 좋아진다는 것은 내려가는 운이 멈춘다는 의미부터 시작해요. 내려가는 운이 멈추었을 때, 즉 운이 올라가기 시작했을 때, -30%까지 내려간 사람은 시작점이 -30이에요. 좋은 운을 -30을 만회하느라 다 쓰거든요. 그러다 보니 좋은 운이지만 계속 마이너스 상태에서 머물러 힘들게 느끼는 겁니다. 그런데 운이 내려갈 때 -10까지 내려간 사람은 운이 올라 갈 때 -10에서 시작해요. 그러면 -10은 금방 만회하고 +로 돌아섭니다. +20까지 가능해지죠. 그러면 사람들은 뭔가 운이 좋아졌다는 것을 실감하게 되죠. 남으니까요. 10년 동안 빚을 갚느라 힘들게 지내셨다 했는데, 내려갈 때 멈추지 못하고 -30까지 내려갔기 때문에 좋은 운에서도 +로 돌아서지 못해서 힘들다고 느꼈던 것 같아요. 그동안 운은 분명히 좋은 운을 유지해 왔을 텐데, 모르는 거죠. 빚을 갚아왔다는 것이 바로 좋은 운을 유지해 왔다는 증거예요. 지금 다시 10년의 운을 마무리하고 잠깐 내려갈 운에 서 계신데, 이럴 때 선택을 잘 하셔야 해요."

"좋은 운이었다고요? 저는 힘들다는 생각만 해왔어요. 직원 3명의 월급을 줘야 하고 사무실 운영을 해야 하는데, 필요한 자금이 월 2천 500만 원 정도 듭니다. 거기에 곗돈 들어가는 것도 있고요. 지난 석 달 동안 계속 마이너스였어요. 평소 수입과 비교하면 석 달 동안 8천 정도 손해 본 거예요. 10년 전에 힘들어봐서 두려워요."

"지난 석 달 동안 힘들었다고 지금 푸념을 하시지만 직원 월급 줘왔고, 사무실 운영비 충당해 오셨고, 빚 갚으면서 곗돈을 부어왔잖아요. 8천만 원 손해라는 것은 잘 유지해 왔을 때를 기준으로 하는 거라 실제 손해액이 아니잖아요. 그 운이 좋은 운이 아니면 어떤 운이 좋다고 할 수 있을까요. 자꾸 힘들다, 힘들다, 내 인생이 왜 이러는 거냐고만 하시면 제가 해드릴 답이 없어요. 이 상황에서 조금 더 나은 운으로 가더라도 힘들게 느낄 거예요. 직원을 늘릴 것이고, 사무실을 확장할 것이고, 집을 넓은 곳으로 옮길 것이고, 곗돈 액수를 늘리겠지요. 그렇게 해놓고 그것이 충당되어야 한다고 생각할 것이고요."

"당연히 그래야 하는 것 아닌가요? 올해 새 직원 한 명 뽑았는데, 그 직원이 나랑 안 맞아서 안 풀리는 건가 싶기도 해요. 집도 10년 정도 살았는데, 이제는 옮길 때가 되었나 싶어서 옮길까 고민 중이고요. 빚도 갚고 목돈 마련을 위해서는 곗돈도 부어야 하는 것이 당연하잖아요."

"사람에게는 다 맞는 그릇이 있어요. 자본주의 사회에서는 증식만이 최고의 가치로 생각하지만, **그릇이 정해진 우리 삶이 한없이 늘어나기만 할 수는 없어요. 어느 시점에서는 만족도 알아야 하고, 지금 가진 것에 대한 감사함도 알아야 합니다.** 건강도 좋아야 하고, 남자 덕도 있어야 하고, 사업도 잘돼야 하고, 애들도 잘 풀려야 하고… 그렇게 모든 것이 잘 풀리는 인생이 있을까요? 아니 그렇게 잘 풀리는 삶만이 꼭 행복하다고 할 수 있을까요? 올해 같은 운에 만약 돈이 잘 풀리고 있다면 다른 것에서 손해 보는 일이 발생했을 거예요. 세상에는 공짜 점심이 없대요. 손해 보는 운이니 무언가로 대체를 시켜야겠지요. 제일 큰 것이 건강을 잃는 것입니다. 재물의 손해는 가장 가볍게 보는 손해래요. 힘들다, 힘들다만 하지 말고 가지고 있는 것에 대한 감사도 해보세요. 지금 가지고 있는 것들이라고 해서 언제나 당연히 내 곁에 있는 것은 아니니까요."

"우선에 돈이 힘드니까 그 외에 내가 가지고 있는 것에 대해서는 생각해 보지 않았네요."

사주가 주는 지혜

사주에서 대운이란 5년, 10년 단위로 움직이는 운의 큰 주기입니다. 태어난 달을 기준으로 만들어내는 계절의 변화, 삶의 변화입니다.

운은 사람에 따라서 봄에서 여름으로, 반대로 봄에서 겨울로 향해 갑니다. 대운은 사람마다 개별적입니다. 대운은 잉태되는 순간 어머님의 뱃속에서 정합니다. 잉태가 되면 그 사람이 몇 년 몇 월에 태어날 것이라는 것이 정해지기 때문입니다.

대운은 선천적 주기입니다. 대운은 좋은 운이라는 개념이 아니라, 사람이 살아가는 환경입니다. 비오는 때도 있고, 바람 부는 때도 있고, 언덕을 올라가야 할 때도 있고, 산에서 내려와야 할 때도 있습니다. 그런 때를 알려주는 환경입니다.

우리가 걸어가는 삶의 환경은 고정되어 있는 것이 아니라 변화를 가져옵니다. 대운이라는 환경의 변화 주기가 있기에 우리는 잘 나간다고 우쭐거릴 일도, 안 풀린다고 풀죽을 일도 없습니다. 대운은 변화하기 때문입니다.

사주팔자라는 고정성이 대운을 지나며 변화합니다. 인생의 오르막과 내리막을 만들어내는 것입니다. 대운이라는 커다란 환경이 우리에게 희망을 주는 것은 봄이 지나면 여름이 오고, 겨울이었다면 봄이 머지않아 온다는 것을 알 수 있기 때문입니다. 영원한 봄도, 겨울도, 가을도, 여름도 없다는 것을 명리학에서 대운이라는 주기가 알려줍니다.

대운이 있다는 것은 나아갈 때와 물러설 때를 가려서 하라는 의미입니다. 대운에서 비가 오거나 내리막이면 몸을 낮게 하고 움츠려야 합니다. 묵묵히 자신의 자리를 지키는 것이 상책입니다. 견디다 보면 다시 운은 변하게 되어 있습니다. 다시 제자리로 돌아가기 시작합니다.

바람난 와이프가 안쓰러워요

"제 사주 좀 봐주십시오."

"이런 곳에서 처음 상담하실 때는 부인 것과 같이 상담하시는 게 좋습니다."

"그래요? 그럼 같이 봐주세요."

"남편의 사주를 살펴보면 상대를 이해하는 이해력과 표현력, 실행력, 리더십이 약한 사주네요. 그 기운이 사주에 빠져 있어요. 식상이라는 기운입니다."

"맞습니다. 그래도 2년 전부터 사람들과의 관계에서 실행력은 발휘되고 있다고 생각해요."

"왜 그렇게 생각하셨나요?"

"제가 직장일과 별도로 건강 관련 식품 네트워크를 시작했어요. 그곳에서는 제가 리더십도 발휘되는 것 같고, 사람들도 서서히 인정해

주는 것 같아서… 스스로는 변하고 있다고 생각하죠. 그러나 집에서 아내에게 표현력과 이해력은 전혀 없는 것이 맞는 것 같아요."

"아내가 그 부분 때문에 힘들어하지 않으시나요?"

"사실은 그것 때문에 왔어요. 제가 이혼을 하면 어떨까 해서요."

"무슨 일이라도 있으십니까? 혹시 부인에게 남자가 생기셨나요? 남편 운에서 배우자가 바람피우는 운이거든요."

"맞습니다. 작년 가을부터 이상해서 뒤를 캤더니 만나는 남자가 있는 눈치더군요."

"추측입니까? 증거가 있습니까?"

"증거를 잡으려고 GPS를 달아놨어요. 어젯밤 11시에 바람 쐬러 나간다 하고 오늘 아침 7시에 들어왔어요. 제게는 답답해서 바닷바람 쐬러 갔다가 차에서 잠이 들었다고 하는데, GPS는 어느 아파트에 계속 머물러 있더군요. 제가 새벽 5시부터 서른 통 넘게 전화를 했는데도 안 받더니 7시 넘으니 전화를 받더라고요."

"그럼 그 아파트 입구에 가보지 그러셨어요?"

"혼자 나오면 소용이 없잖아요. 그런데 왜 아내가 바람을 피우는 것이 저 때문인가요?"

"남편의 운이 2018년과 2019년에 관재구설 운이라는 것을 지나고 있어요. 보통은 법원, 경찰, 병원, 직장일 등이 마이너스로 들어선다고 봅니다. 만약 올해 이혼을 하신다면 운대로 이루어지는 거죠. 그리고 아내분은 작년에 자식이 생기는 운이 있는데, 그런 운에 이성으로 인한 일탈이 생겼군요. 옛날 책에서는 관재구설 운에 배우자 바람피우게 한다는 항목도 있어요. 실제로 제가 여러 번 그런 경우를 상담했어요."

"그런 운도 있군요. 그보다 저는, 조금 전에 선생님께서 말씀하신 제가 표현력과 이해력이 약하다는 것이 아내가 바람난 원인 같네요. 사실은 제가 결혼 전에는 아내와 결혼할 마음이 없었어요. 아내가 적극적으로 연락해 와서 한두 번 만나다 보니 결혼까지 하게 되었죠. 첫 잠자리도 아내가 멍석을 깔아줘서… 아내 자존심을 좀 상하게 하면서 가졌죠. 그것이 아내에게는 결혼생활 내내 상처로 남아 있는 것 같았어요. 또 저는 결혼하고 돈을 좀 더 벌어야겠다는 욕심에 다단계 네트워크 일에 손을 댔어요. 결혼 초에는 아내가 적극적으로 싫어해서 안 하다가 몇 년 전부터 다시 손을 대기 시작했고, 그러면서 점점 아내와 집에 있는 시간이 줄어들면서 아내를 혼자 있게 했었죠. 요즘은 아내가 안쓰럽다는 생각이 듭니다."

"세상에나! 보통은 아내가 바람났다고 남편들이 난리가 나는데, 아내가 밉지 않고 안쓰럽다는 표현은 처음 듣네요. 그럼 이혼까지 생각하지 않아도 되지 않을까요?"

"아내가 선을 넘은 것 같아서 배신감은 들죠. 이미 다른 남자 품에 안긴 아내와 어떻게 한 집에 살겠습니까. 그리고 아내가 더 적극적으로 이혼을 요구해요. 나와 살면서 많이 외롭고 답답했다면서요."

"그렇기는 하지만, 남편이 아내가 밉지 않고 안쓰럽다고 하시니까 얼마든지 더 노력해 볼 가치가 있다고 생각되는데요. 아직 아이들이 어리잖아요."

"저도 그 부분이 걸려서 상담하러 왔습니다. 우리 부부가 이혼이 되겠습니까?"

"네. 사주학적으로는 시간의 문제이지 결국은 이혼할 것 같은 구조네요. 다만 이혼을 하더라도 아이들에게 조금만 더 부모의 자리를 지켜주면 어떨까 싶네요. 반대의 경우로 상담을 하러 많이 옵니다. 남편이 바람나서 여자는 이혼해야겠는데, 아이들이 어려서 어떻게 해야 할까 물으러 오는 거죠. 그럴 때 부인들에게 여자 남자의 삶보다 엄마아빠의 삶을 살아보라고 권하곤 해요. 이혼 시기는 막내가 수능 끝나는 다음날로 잡으라고 조언하죠."

"그런데 이미 아내가 엄마의 삶보다 여자의 삶을 살겠다고 저러는 것 아닙니까?"

"남편이 인정하셨잖아요. 본인이 부인을 외롭게 했고 상처를 줬다고. 아직 다섯 살 아이에겐 엄마가 세상의 전부인데 어떻게 그 아이에게 상처를 주시려고요. 아내가 밉지 않고 안쓰럽다는 측은지심이 있으니 조금 더 가정을 지켜보시길 권합니다."

"그럼 소송 준비하려고 증거 확보하려는 거 중단할까요?"

"네. 소송 그런 거 하지 마세요. 만약 이혼을 하더라도 원만히 합의이혼도 될 거예요. 그래야 아이들에게 상처가 덜 갑니다."

"제 생각에도 끝까지 같이 살기는 어려울 것 같아요. 서로가 생각하는 세상이 너무 달라 대화가 늘 겉도는 사이거든요. 그러나 아이들을 위해 조금 더 생각해 보겠습니다."

사주에서 부부는 서로 극(剋)의 존재입니다. 명리학에서 남자에게 여자는 내가 힘을 빼서 쟁취하는 존재이고, 여자에게 남자는 나를 통제하며 울타리를 만들어주는 존재라고 해석합니다. 상생(相生)하는 관계는 아닙니다. 오행에서 서로 반대의 관계가 부부가 되었습니다.

반대가 만나면 서로 대립하고 싸움만 할 것 같지만, 여기에 합(合)이라는 개념도 들어갑니다. 음과 양이 합이 됩니다. 오행에서 木은 土를 극하고, 金의 극을 받습니다. 그러나 음양이 다르면 합(合)을 합니다. 음양이 다른 오행이 합을 하면 다른 기운을 만들어내거나 강한 기운을 따라갑니다.

같은 오행끼리 합하면 같은 기운만 만들지만, 서로 다른 오행의 음양이 만나면 새로운 기운의 창조가 가능해집니다. 새로운 생명을 탄생시키는 부부는 기운이 같으면 안 된다는 뜻입니다. 달라야 새로운 기운이 생깁니다. **서로 다른 기운이 만나야 되는 부부이기에 다름은 다툼의 원인이기보다는 새로운 창조를 위한 기반입니다. 그러므로 부부의 다름을 서로 인정해 주는 것이 중요합니다.** 사주가 가르쳐주는 지혜입니다.

완벽한 남녀 궁합은 없습니다. 어딘가 불완전하고 미성숙한 남녀가 만나는 사건이 결혼입니다. 부부는 다른 기운들끼리 만났으니 서로를 알아가는 공부를 해야 합니다. 나와 다른 존재에 대한 공부를 해야 합니다. 알게 되면 이해하게 되고, 이해하면 사랑하게 됩니다.

아들의 독립이 싫어요

"아들 사주를 좀 봐 주세요. 올해 운이 어떤가요?"

"올해 운은 변화, 변동이 있는 해네요. 직장이나 집 이사 변동이 있을 수 있어요. 그렇지 않으면 직장을 잠시 쉬는 운이 될 것 같아요."

"사실은 아들 회사 전체가 좀 먼 곳으로 이전을 하게 되었어요. 그곳으로 가려면 이사를 해야 해서 저는 가지 말라고 말리는 중이네요. 직장을 따라가지 않더라도 좋은 직장을 다시 구할 수 있을까요?"

"지금 운으로는 직장을 그만두면 약 2년은 제대로 된 직장 구하기가 어려울 것 같아요. 지금 직장을 따라 움직이시는 편이 좋을 것 같은데, 왜 직장을 따라가지 말라고 하시나요?"

"제게 자식이 하나뿐인데, 아들이 저와 떨어지면 제가 힘들 것 같아서요."

"어머니 마음은 알겠지만, 마흔여섯 살 아드님의 직장을 어머님 때문에 그만두게 하는 것은 생각해 볼 문젠데요."

"제가 남편과 사이가 별로라서 아들만 바라보고 뒷바라지 하면서 살아왔어요. 그래서 아들과 한 번도 떨어져 살아본 적이 없어요. 대체로 아들이 제 말을 잘 듣는 편이라 별말 없이 잘 따라줘요. 아들은 제 인생의 전부예요."

"그래서 아직 아드님이 결혼을 못했나 보군요?"

"저 때문에 결혼을 못하진 않았겠죠. 다만 인연에 맞는 여자가 잘 없더군요."

"그 인연에 맞는 여자라는 표현이 어머님 입맛에 맞는 여자를 말하는 것 같은데요? 또 아무리 입맛에 맞는 여자를 만났더라도 어머님이 아드님을 소유하고 계시는데 어느 여자가 그 사이에서 버텨내겠습니까?"

"장가 안 가면 되죠."

"그렇게 생각하시는군요. 아들의 독립적인 생활보다 어머니에게 길들인 아들이 더 좋으니 지금의 사는 형태는 변할 수 없겠네요."

"결혼을 안 했다 뿐이지 우리 아들은 재밌게 잘만 삽니다. 많은 돈은 아니지만 투자회사에 다니면서 안정적으로 생활하고 있었는데, 회사가 다른 도시로 옮겨가는 바람에 지금 선택의 기로에 서 있을 뿐이에요."

"잠깐 제 얘기를 좀 할게요. 제가 결혼해 보니 저희 둘째 시아주버님이 혼자가 되어 시어머님과 함께 살고 계셨어요. 시어머님은 30대에 시아버지가 돌아가셔서 혼자 살아오셨던 터라, 그렇게 10여 년을 작은 아주버님과 사시면서 애들을 키우며 살림을 도맡아 하셨어요. 고생은 되지만 아주버님이 월급 갖다 주는 걸로 손자손녀 키우는 재미로 사셨어요. 저희를 비롯한 다른 자식들은 어머님과 아주버님이 사는 집에 일주일에 두어 번씩 모였어요. 어머님은 자식들이 당신이 계시는 곳에 자주 모이는 것을 큰 재미로 여기며 사셨어요. 그러다가 작은아주버님에게 여자가 나타났고 같이 살게 되었죠. 이제 새 여자가 들어왔으니 어머님이 아주버님의 살림에서 손을 떼야 했죠. 그때 어머님 연세가 이미 일흔을 훌쩍 넘긴 터라, 이제 어머님이 살림 걱정 안 하고 편하게 사실 수 있겠다 싶어 모두 좋아했어요. 그런데 시어머님께서 다른 자식들에게는 아무런 내색을 하지 않으셨는데, 어느 날 제게 오셔서 우는 겁니다. 이제 아주버님이 월급봉투를 더 이상 당신에게 주지 않을 텐데 무슨 재미로 살겠느냐 하시더군요. 그 말을 듣고 저는 깜짝 놀랐어요. 자식들은 어머님이 살림으로부터 해방되시겠다고 반겼는데, 어머님의 생각은 그것이 아니었던 거죠. 그래서인지 새로 들어온 작은형님을 미워했어요. 자신의 자리를 빼앗겼다 생각하시더군요. 저는 어머님의 생각이 이해가 되질 않았어요. 아드님에게 배필이 생긴 게 어머니로서 축복해 줘야 할 일인데 왜 서운해 하실까 의문이 들었어요. 어머니들은 당연히 자식을 위해 사는 줄 알았던 제게는 충격적인 일이었죠. 그러나 살면서 아주버님을 남편처럼 의지해 오신 어머님의 마음을 알 것 같더군요. 이해는 갔지만 어머님의 욕심이 안타깝다는 기억이 있어요. 그 충격으로 어머님은 치매가 급격히 진행되어 정신을 잃어가셨어요. 저희 시어머님은 마음을 내려놓는 대신에 병을 얻으셨죠. 지금 아드님의 직장 변동 상담을 하시는 어머님을 보니 옛날 저희 시어머님 생각이 나는군요. 결국, 지금 어머님도 자신의 손안에서 아드님이 벗어나는 것이 두려워서 멀리 가는 것을 말리는 것 같아 보여요."

"그것이 잘못되었나요? 아들을 눈앞에 보며 살겠다는 제 마음이 뭐가 잘못되었나요? 그깟 결혼 안 해도 아들은 재밌게 잘 살아왔는데요."

"그렇군요. 어머님이 그렇게 생각하신다니 어쩔 수 없지요. 아드님도 굳이 어머님을 벗어날 생각이 없는 것 같으니, 직장은 그만두고 잠시 쉬는 운으로 생각하며 다른 직장 알아보시는 편이 좋겠네요. 다만 아드님 운으로는 제대로 된 직장을 잡기까지 2년 정도 예상을 하셔야겠어요."

"잘 알겠어요. 아들 직장은 좀 느긋하게 생각해야겠네요."

사주가 주는 지혜

사람이 태어나서 제일 먼저 만나는 운명은 부모입니다. 자식이 선택할 수 없는 존재들이기에 숙명이라고 합니다.

사주 해석할 때 자식의 사주에서 부모 운을 볼 수 있고, 부모 사주에서 자식 운을 볼 수 있습니다. 자식 입장에서 부모를 잘 만나면 인생 전체가 잘 풀리는 것도 사실입니다. 부모 입장에서는 자식이 부모의 혜택을 얼마나 받아내느냐, 혜택을 받고 보상을 주느냐, 자랑거리가 되어주느냐를 살핍니다.

부모가 자식에게 영향을 주는 첫 번째는 물질적인 것입니다. 경제력이 있어야 먹이고 입히고 교육을 시킬 수 있습니다. 부모의 물질적 영향력은 자식들이 모두 성장한 후에도 권력으로 남습니다. 부모는 도움을 주면서 자식들을 부모의 통제 하에 두고 싶어 합니다. 부모는 '자식 사랑'이라고 말합니다.

부모가 일방통행으로 주려고만 하면 건강한 관계 형성이 어렵고, 자식들의 독립적인 삶이 어려워집니다. 부모의 과잉보호는 자식이 스스로 선택할 수 있는 기회를 빼앗습니다. 결국 자식 입장에서 부모 운이 나쁜 것입니다. **힘든 것도 어려운 것도 스스로 겪고 이겨내야 두 발로 딛고 스스로 서는 기쁨도 느낄 수 있습니다.** 자식에게 기쁨을 빼앗는 것이니 부모 운이 나쁜 것입니다. 자립할 기회와 힘을 다질 수 없으니 부모 운이 나쁜 것입니다. 부모의 과보호는 자식 입장에서 나쁜 부모 운을 가진 겁니다.

나와 다른 자식

"따님의 사주는 지금 어머니의 기운에 숨이 막혀 있네요. 가만히 둬도 제 할 일 찾아 잘살 텐데 왜 그리도 노심초사하며 따님을 괴롭히세요?"

"딸이 제게 한 말을 토씨 하나 안 틀리게 말씀하시네요. 어젯밤 딸과 제가 나눈 대화가 바로 그거였어요. 딸이 저 때문에 숨이 막힌다네요."

"맞는 것 같아요. 사주 구조를 말씀드리면, 잘 다듬어진 보석이 흙더미에 묻혀 숨이 막혀 하는 모습이에요. 그런데 따님도 결코 숨죽여 있지만은 않을 것 같네요. 독한 말로 가슴을 후벼 파는 직설화법을 사용할 거예요."

"정말로 아파요. 어찌나 콕콕 찌르는지 딸과 대화를 하면 가슴이 아파요."

"어머님의 사주를 살펴보면, 하고 싶은 욕망은 강하나 언제나 결과를 맺지 못하는 구조예요."

"그것 때문에 그동안 제가 좌절했어요. 석사를 마치고 박사를 가려고 하는데 열매가 맺히지 않더군요. 그래서 딸과 아들을 그렇게 만들어보려 했어요."

"자식들을 통해 자신이 이루지 못한 것들을 대리로 이루려고 하는 것이 문제예요."

"맞아요. 제가 못 이룬 꿈을 자식들에게 만들어주고 싶은 거죠."

"아시죠? 조금 전부터 우리 대화에 '만든다'라는 단어가 많이 들어가고 있어요. 자식은 엄마의 뱃속을 빌어 나왔지만 전혀 다른 별개의 사람이에요. 사주가 다르잖아요?"

"그런데 포기가 잘 안 돼요."

"어머니 사주는 결과를 향해 갈 때 노력과 결과 사이 중간다리가 없는 구조라서 노력해도 결과가 없는 거예요. 그러나 따님의 사주는 충분히 결과를 낼 수 있는 운이 기다리고 있으니 좀 지켜봐주는 것이 좋겠어요."

"딸이 어제 제게 한 말과 같네요. 잘할 거니까 기다려 달라고 하더군요."

"네. 41세 이후의 운이 성과를 나타내는 운이죠. 충분히 기다려도 될 정도로 좋은 운이 있으니 조급해 말고 따님에게 강요하지 마세요. 엄마의 지나친 관심이 따님에게 해가 되는 거죠. 아무것도 하지 않아도 따님은 잘할 거니까 어머님 자신의 삶을 설계하는 것이 나을 것 같아요."

"부모 맘이 어디 그런가요? 다만 선생님 말씀처럼 제가 내 꿈을 아이들에게 대리시키려 했다는 것은 반성이 되네요."

"따님과 아드님, 어머님의 사주를 대조해 보니 어머님의 권력 남용이 심한 상황 같아요."

"권력 남용이라기보다는 그저 만들어주고 싶었을 뿐이었어요."

"뭘 또 만들어요? 제발 만들지 마세요. 그냥 어머니 자신의 삶을 충실히 살도록 만드는 것이 좋겠어요. 따님과 아드님은 어머님이 만들지 않아도 자신들의 삶을 충분히 살아갈 수 있을 것 같아요."

"선생님 말씀이 어제 딸이 제게 한 말과 똑같아서 기분이 묘해요. 내려놓기를 해봐야겠네요."

"네, 제발 자식들은 내려놓고 자신의 삶을 들여다보는 연습을 하면 좋겠어요. 자식들에게만 카메라 들이대지 말고 카메라 방향을 자신에게 돌려놓으면 가정이 평화로울 것 같아요. 따님과 어머님은 사주가 근본적으로 다른 구조이니, 절대로 서로를 이해할 수 없어요. 나와는 다른 자식이라는 말입니다."

"정말 달라요. 어떻게 내 뱃속에서 저렇게 다른 자식이 나올 수 있었는지 궁금했어요."

"제가 두 분의 사주를 칠판에 놓고 설명해 드렸잖아요. 음양도 다르고, 오행도 다르고, 구조도 다르다는 것을 보셨잖아요."

"네, 내려놓기를 실천해 보도록 하겠습니다. 자식들이 앞으로 잘산다니까 다행이네요."

부모의 사주와 자식의 사주는 다릅니다. 자식은 감나무로 태어났는데 부모가 배가 먹고 싶다고 자식에게 배 나와라, 배 나와라, 하면 나올까요? 자식의 사주 그릇은 별 모양인데 부모의 사주 그릇은 네모입니다. 네모난 그릇에 별모양을 담으려 하면 별모양은 어딘가를 잘라내야 합니다. 피를 흘려야 합니다. 그런데도 부모들은 자식의 그릇을 다 담을 수 있다고 착각합니다.

사주에서 여자에게 자식은 '식상'입니다. 자신의 기운을 주는 존재입니다. 남자에게 자식은 '관성'이라고 부릅니다. 자신의 기운을 통제하는 존재입니다. 식상과 관성은 사주의 기운을 뺏어가는 존재이지 도와주는 존재가 아닙니다. 주는 것이 순리라고 명리학은 알려주고 있습니다.

부모들은 착각을 합니다. 자신은 주었으니 보상을 받으려 합니다. **보상받겠다는 것은 자연의 순리를 거스르는 것입니다. 자식에게 기대하거나 받으려 하면 안 됩니다.** 자식은 부모에게 받고 뒤돌아보지 말고 자신의 길을 걸어가면 됩니다. 부모는 주었으면 그것으로 끝난 것입니다. 그 자식은 다시 자신의 자식들에게 줄 것이기 때문입니다.

부모의 기대에 어긋난 자식이더라도 자식 스스로의 운에 따라 행복하게 살아가는 경우도 많습니다. 부모와 자식의 사주, 운은 다르기 때문입니다.

파트너십이 필요한 부부

"남편이 병행해 오던 직장을 정리하고 본격적으로 자신의 사업을 시작했어요. 남편의 사업 운은 어떤가요?"

"올해는 누가 말리더라도 남편이 독립하는 운이네요. 언젠가는 독립적인 일을 할 것이라 시작은 잘 했지만 아직 재물 운이 부족하네요. 3년 정도 자리 잡는 시기로 생각하면 그 뒤에 운은 결과를 맺는 운으로 갈 것 같아요."

"올해 시작했으니 각오는 하고 있지만 걱정이 돼요."

"남편이 부인에게 도와달라고 하지는 않나요?"

"맞아요. 남편은 제가 본격적으로 사무실에 나와서 도와주기를 바라는 눈치예요. 그런데 제가 걱정이죠. 첫째는 남편과 많은 시간을 보내야 하는 것이 부담스러워요. 둘째는 제가 과연 잘 할 수 있을까 걱정되고요."

"두 분의 사주 비교를 해볼게요. 일단 부인은 스스로의 능력을 과소평가하고 있네요. 사주로 보면 충분한 역량을 발휘할 잠재력을 가지고 있어요."

"남편과 같은 말씀을 하시네요. 남편은 언제나 제가 충분히 할 수 있는데 안 한다고 말해 왔어요."

"사주의 기운이 리더가 될 수 있는 사주예요. 그런데 스스로 울타리를 쳐서 자신을 억제하고 있는 거예요. 원인은 남편의 끊임없는 질책 같아요."

"남편 잔소리 듣기 싫어서 아예 못하는 척, 모르는 척 하는 경우가 많아요. 그런데 남편은, 내가 거래처에 전화를 한다든지 사람을 만나면 성사되는 일이 더 많다면서 적극적으로 도와주길 바라네요. 지난 4년 동안 제가 커피숍을 운영했었어요. 결국 정리는 했지만 따져보니 많은 손실은 없었어요. 또 운영하는 동안 직원이 한 번도 바뀌지 않았어요. 남편은 그것이 신기하다고 했어요."

"부인 사주의 강점이 감성입니다. 사주에 합이 많아서 마음이 여리고 사람 마음을 끌어당기는 힘이 있거든요."

"맞아요. 남편이 저에게 너무 감성적이라 무르다 했어요."

"그런데 남편은 계산적이고 치밀합니다. 논리적이죠. 부인은 마음으로 사람을 대하고 남편은 머리로 사람을 대합니다. 순간적으로는 머리로 하는 일이 좋은 듯 보이지만, 사람이 하는 일이라 결국엔 사람의 마음을 얻는 쪽이 길게 봐서는 유리하죠. 그런 면에서 부인의 장점을 잘

살리면 주변에 사람을 얻을 수 있고, 그것이 사업 쪽으로 도움이 될 것 같네요."

"지금도 사람 상대하는 일을 제가 해주었으면 하고 남편이 바랍니다."

"남편이 부인을 정말 잘 파악하고 계시네요. 또 남편의 재물 그릇과 부인의 재물 그릇을 비교하면, 남편의 그릇이 대접 크기만 하다면 부인은 양푼만 합니다. 스스로 역량을 다듬고 잠재력을 이끌어낸다면 앞으로 발전 가능성은 부인이 앞섭니다. 다만 경험적인 면에서 부인이 부족하고, 남편에게 계속 잔소리만 들어와서 심리적으로 많이 위축되어 있는 것이 문제죠. 지금은 남편 밑에서 일을 도와주지만, 일을 배운다는 자세로 숨죽여 배우세요. 6개월쯤 지나서 독립적으로 공간과 일을 분리해서 협력하면, 부인의 다정다감으로 사람을 끄는 능력과 남편의 치밀한 계산력이 합쳐져서 일이 잘될 것 같아요. 여기서 주의할 점은, 부인 스스로 자신을 사랑하는 마음을 먼저 가져야 한다는 거예요. 지금은 남편에게 치여서 많이 위축되어 있는 상태예요. 두 번째는 부인의 자신감 회복이에요. 그 부분은 리더십 강의라든가, 책을 읽는다든가, 컴퓨터 활용을 배운다든가 해서 역량을 끌어올리면 잠재력이 능력으로 발휘되겠네요. 그리고 그 뒤에는 남편과의 업무 공간 분리와 일의 확실한 분담으로 자기결정권도 가질 수 있어야 해요. 그래야 남편과 윈윈이 돼서 사업이 잘될 것 같네요. **부부는 가정에서 가족이라는 수레를 끌고 가는 파트너예요. 수직관계가 아니라 수평관계여야 해요.** 지금 두 분은 수직관계가 고착되어 부인이 많이 위축되어 있어요. 가정에서도 파트너, 사업에서도 파트너로 서로를 인식하며 인생을 살아간다면 정말 환상적인 커플이 될 것 같아요."

"저도 제가 자신감이 부족하다고 느낄 때가 많아요. 그런데 어떻게 그 부분을 끌어올려야 할지 몰라 답답해요. 어디서 어떻게 해야 하는지 모르겠어요."

"제가 아는 리더십 강의와 독서모임을 소개해 드릴 테니 참가해보세요. 좋은 에너지를 갖고 있는 사람들과 어울리다 보면 세상 보는 눈도 트이고, 도움도 받고, 자극도 받을 수 있을 거예요. 차근차근 밟아가보세요."

"제가 원하던 부분을 선생님께서 긁어주고 알려주시네요. 남편이 새롭게 사업을 시작해서 잘될까 걱정되어 왔는데, 더 좋은 상담을 받고 가는 것 같아요. 저는 남편의 사업이 잘되어 남편이 기뻐하는 모습을 보고 싶어요. 기가 살아나는 모습을 보고 싶어요. 그동안 많이 싸우고 속 썩히는 일도 많았지만, 남편이 기뻐하는 모습을 보면 제가 더 좋아요."

"네, 두 분은 헤어지기 어려운 사람들입니다."

"그런 것 같아요. 30년을 같이 살았고 잠시 남편이 다른 여자에게 한눈을 팔아서 실망시키기도 했는데, 미워 보이기보다는 남편이 안쓰럽고 잘됐으면 좋겠어요."

"부부의 측은지심이 열정적인 사랑보다 더 부부관계를 튼튼하게 지켜주는 힘이라고 하더군요. 서로를 안쓰러워하는 마음으로 산다고 합

니다. 측은지심에 더하여 파트너십까지 가지면 서로의 성장을 밀어주고 끌어주는 관계가 될 것 같네요. 먼저 부인의 자신감 회복이 급선무입니다."

사주가 주는 지혜

사주팔자는 네 개의 기둥, 여덟 글자 안에 다섯 가지 기운을 배열해야 합니다. 그러다 보니 어느 사주든 정확한 비율로 오행이 배치되기 어렵습니다. 태과(太過)와 불급(不及)이 대부분입니다. 즉 넘치거나 부족하다는 말입니다.

사주팔자는 조화와 균형을 중요시 여깁니다. 음양과 오행이 한쪽으로 치우침이 없도록 균형을 잡아주고 조정해 주어야 합니다. 사주 내에서 균형을 잡아주고 조정해 주는 오행을 '용신'이라고 합니다. 부족한 부분은 채워주고, 넘치는 부분은 덜어주는 역할을 합니다.

부부가 부족한 부분을 채워주고 넘치는 부분은 견제해 주는 것은 서로에게 용신 역할을 하는 것입니다. 균형이 잡히니 자연스럽게 행운이 따라옵니다. 부부는 서로에게 용신이 되어야 합니다.

인연은 이혼하면 안 되나요?

"저희 부부 이혼 운이 있는지 봐 주세요."

"딱히 이혼 운은 없는데, 왜 이혼하고 싶으세요?"

"제가 20대 초반에 결혼해서 10년차 부부인데, 더 이상 남편과 같이 살기 싫어서요."

"남편에게 무엇이 제일 불만인가요? 사주 구조로 봐서는 남편이 잔소리가 많은 유형에 속하네요."

"맞아요. 잔소리가 정말 심해요. 미치겠어요. 그리고 언제나 자신의 말만 맞대요. 또 자기가 세상에서 제일 잘난 줄 알아요. 물론 잘난 점도 많아요. 그런데 너무 심해요. 어려서 사주를 보면 저에게 결혼 늦게 하라는 말을 많이 하시던데, 이제는 그 말이 계속 떠올라요."

"그런데 아쉽게도 두 분은 이혼서류에 도장을 찍고도 한 집에 사는 인연이네요."

"무슨 그런 나쁜 인연이 있어요. 물론 아직 애들이 어리니까 그렇기도 하겠죠."

"아니요. 애들이 없었더라도 만날 인연이었고, 인생을 같이 갈 인연으로 만났어요. 또 남편분 사주를 살펴보면 아빠로서는 괜찮은 아빠일 것 같네요. 자식들에게 책임감 있는 아빠 같아요."

"맞아요. 애들과 잘 놀아주고 잘 대해 줘요. 잔소리할 때만 빼고요."

"흐르는 운도 괜찮아서 돈벌이도 괜찮을 것 같아요."

"부자로 살지는 않지만 어디 가서 꿀릴 만큼 부족하진 않아요. 영업직에 있는데 잘하더라고요."

"그러면 된 것 아닌가요? 아빠로서는 80~90점, 가장으로서도 그 정도 점수는 되겠네요. 다만 잔소리가 심하고 자기주장이 강한 것이 흠이네요."

"저도 인정해요. 그래도… 스물다섯에 결혼해서 올해 제가 서른다섯인데 이 남자랑 평생을 살 생각하니 정말 우울해요. 일찍 결혼하는 것은 정말 안 좋은 것 같아요. 요즘은 졸혼 이런 게 있다던데, 저도 졸혼을 하고 싶어요."

"제가 결혼도 해보고 이혼도 해봐서 아는데, 일단 이혼이나 졸혼을 할 경우에 본인의 경제적 대책은 세워두셨나요?"

"저도 일하고 싶어요. 그런데 남편이 절대로 밖의 일을 못하게 해요. 남편이 영업직이잖아요. 도대체 밖에서 무슨 짓을 하고 다니는지 의심이 들 때가 한두 번이 아니에요. 저를 꼼짝 못하게 구속하고, 절대로 남편의 생활을 공개하지 않아요. 그래서 제가 더 미칠 것 같아요."

"그랬군요. 원인은 그곳에 있었네요. 행복한 투정 같았는데, 남편의 바깥생활을 의심하고 자신의 삶이 없으니까 힘들어하는군요. 사람은 자신의 의지대로 살지 못하면 우울해지거든요."

"제가 그래요. 제 의지는 없어요. 저는 오직 남편의 꼭두각시인 거죠. 집에서 자식이나 키우는 사람으로 취급하고 아무것도 모른다고 무시해요. 그런 대접 받으니 우울할 수밖에 없잖아요. 스물다섯 살에 결혼해서 아들 둘을 키운다고 제가 바깥 경험을 할 시간이 없었잖아요. 그러면서 잘난 척은 혼자 다 하는 남편이 눈꼴사나워 못 보겠어요. 그런데 이혼하고도 한 집에 살 만큼 인연이 있다니 정말 지겨워요. 절망스러워요. 이 남자에게서 벗어날 수가 없다는 말이잖아요."

"남편의 바깥생활에 너무 민감해 하지 말고, 이제 곧 아이들이 엄마 손을 덜 필요로 하는 시기가 오잖아요. 그때 밖으로 나갈 준비를 천천히 해두세요. 책을 읽는다든가, 자격증을 따 놓는다든가. 요즘은 집에서 듣는 인강도 잘 되어 있잖아요."

"아직 아이들이 어려서 그런 생각까지 못했어요. 그냥 남편과 사는 것이 힘들어서 언제쯤 이혼할 수 있으려나 상담한 거예요. 아이들 유치원 갈 때 인강이라도 들어봐야겠어요. 제발 제게 이 남자와 헤어질 운이 있다고 말해 주세요."

"남편과 이혼을 꿈꾸신다면 이혼 후의 삶도 준비해 보세요. 그리고 이혼 후에 꼭 더 나은 남자를 만나리라는 환상도 같이 접어두세요. 내

게 괜찮아 보이는 남자는 다른 여자 눈에도 괜찮아 보인답니다. 내가
경쟁력이 없으면 이혼 후에도 좋은 남자 만나리라는 막연한 기대 같
은 것은 갖지 않는 것이 좋아요."

"이혼 후 삶에 대해서는 생각해 보지 않았어요."

"그럼 지금까지 제게 상담한 것은 하나의 어리광이었네요."

사주가 주는 지혜

운이 좋은 사람들의 사는 모습을 살펴보면 주변에 좋은 사람들이
많음을 알 수 있습니다. 그들은 누구 덕분이라는 말을 자주 합니다.
사람은 주변 사람들과 운과 복을 주고받습니다. 예를 들어 주위에
운 좋은 사람이 있으면, 좋은 일 생겼다고 밥을 사든지, 술을 사든지,
커피라도 한잔 쏩니다. 좋은 정보도 알려주고, 즐거운 에너지를 받습
니다. 덩달아 주변 사람들도 기분이 좋아집니다. 운 없는 사람이 주위
에 있으면 돈도 빌려주고, 조언도 해주어야 하고, 위로도 해주어야 합
니다. 나의 에너지 소모가 큽니다. 운 없는 사람을 지켜보는 동안 답답
한 에너지를 받습니다. 운이 좋은 사람과 인생길을 걸어가면 행운을
만날 기회가 많아집니다.

부부는 더욱 가까운 사이입니다. 한 집에서 지내며 몸을 직접적으로
부딪치니 운과 복의 교류 폭이 넓습니다. 인생길에 직접적인 영향을
미칩니다. 아주 귀한 인연이 부부입니다.

그렇다면 내 운명에 직접적인 영향을 미치는 부부의 인연은 소중하게 다루고 가꾸어야 합니다. **내가 소중하게 여기고 가꿀수록 내게 미치는 영향도 좋아질 것입니다. 무언가를 받으려고만 하지 말고 내가 무엇을 줄 수 있는가를 생각해야 합니다.** 배우자의 운이 결국 내게 돌아올 것이기 때문입니다.

제 사주에도 도화살이 있나요?

"제 사주에도 도화살이 있나요?"

"갑자기 그건 왜 물어봐요?"

"누가 그러는데 도화살이 있으면 좋다 해서요."

"있으면 좋기도 하지만, 싫어하는 사람도 있어요."

"저는 도화살이 몇 개나 있어요?"

"도화살이 뭔 줄은 아세요?"

"도화살이 있으면 인기가 있대요. 제가 하는 일이 남자를 상대하는 직업이라 인기가 있으면 좋잖아요."

"왜 도화살을 찾았는지 이제 이해했네요. 본인 사주에도 도화살이 있어요. 도화살을 예전에는 나쁜 의미로 사용해서 '살'이라고 불렀어요. 지금은 '도화 기운'으로 불러요. 사주에 도화 기운을 가지고 있는 사람들은 인기가 많을 확률이 높다고 봐요. 매력이 있다는 거죠. 현대에는 없는 매력도 만들어 자기를 알리는 시대잖아요. 타고난 매력이니 얼마나 좋겠어요. 또 도화 기운이 있는 사람들은 예술적 재능이 있다고 봐요. 연예인들에겐 도화 기운이 필수적이죠. 도화 기운은 사람들에게 예쁘게 보이고 호감을 느끼게 하는 기운이죠. 유명 연예인들의 사주에 도화기운이 많아요. 요즘은 연예인뿐 아니라 장사를 하든지 강연을 하든지, 사람들을 상대하는 직업을 가지고 있으면 도움이 되겠죠."

"도화살이 좋은 거네요? 그런데 왜 사람들은 도화살 있는 것을 싫어해요?"

"옛날은 남성 중심 사회였잖아요. 자신의 여자가 다른 남자들에게 인기가 있으면 큰일나는 시대였잖아요. 여자를 억압하기 위한 도구로 사용된 거죠. 실제로 지금도 남녀 운은 굴곡이 좀 있어요. 많은 사람들의 시선을 받는 기운이니 나 외에 다른 사람의 시선도 받는 거잖아요. 한마디로 인기가 많아서 시끄러운 거죠."

"그렇군요. 저처럼 아직 미혼인 사람들이나 남자를 상대해서 일하는 사람들에게는 좋은 기운인데, 결혼한 사람들에겐 시끄러울 수 있다는 말씀이죠?"

"그렇죠."

"감사해요. 지난번에 사주풀이 해주셨는데 도화 이야기는 하지 않으셔서 궁금했어요."

"보통은 사주 공부하는 사람들이 이런 질문을 하는데, 특이하게 도화살에 대해 물어서 조금 놀랐어요. 궁금증이 풀렸다니 다행이네요.

자신에게 있는 기운을 잘 활용하면서 살면 그것이 바로 자기 운명을
스스로 끌고 가는 거예요."

"저도 자신감 있게 일을 해야겠어요. 저에게는 도화살이 없나 해서
조금 움츠렸거든요. 손님이 많이 찾아야 돈벌이가 되잖아요."

"자신에게 있는 선천 기운들을 잘 써보세요. 인기 많아서 돈 많이 벌
기 바라요."

사주가 주는 지혜

역마살, 도화살, 백호대살에서 '살'은 한자로 죽일 살(殺)을 씁니다.
글자의 분위기가 좀 험악합니다. 왠지 불행과 관련되어 있을 것처럼
느껴집니다.

공부를 해보면 살의 종류가 정말 많습니다. 좋은 기운을 말하는 살
들도 있지만, 대부분 흉살의 작용을 뜻합니다. 백호대살, 원진살, 귀문
관살….

사주 상담사 중에는 화이트 상담사와 블랙 상담사가 있습니다. 대부
분의 상담사들은 화이트 상담사입니다. 사주 상담을 하면서 어떻게든
희망과 위로를 주고자 합니다. 그러나 상담을 청한 사람들 중에는 희
망과 위로를 주는 상담사보다 흉한 일을 예견하고 겁을 주는 상담사
를 더 기억합니다. 사람의 심리가 좋은 일은 당연한 것이고, 흉한 일은
크게 다가오니까요. 블랙 상담사의 조언이 뇌리에 오래 남습니다.

사람들은 요구합니다. "숨기지 말고 다 말해 주세요." 자극적인 말을 들어야 돈을 내고 상담한 기분이 느껴집니다. 수요와 공급의 이치가 상담에서도 적용되는 것입니다.

사주 해석을 하는 이론들은 많습니다. 명리학은 음양오행 생극제화를 기본으로 합니다. 신살명리학도 참고로 합니다. 시계 하나가 제대로 시간을 맞추어 움직이려면 아무리 작은 부품이라도 모두 있어야 하는 이치와 같습니다. 많이 알면 알수록 해석하는 데 유리합니다. 그러나 그 많은 살들을 기억할 필요는 없습니다. 사주를 해석하는 하나의 부분적 요소로 이해하면 됩니다. 절반만 믿으면 됩니다. **'살'들의 이야기에 현혹되지 마세요.**

의대, 딸에게 맞는 직업인가요?

"제 딸에게 의사 직업이 맞나요? 전공은 무엇으로 가야 하나요?"

"지금 의대 다니나요?"

"네, 본과 3학년이에요."

"따님에게 올해 운은 학업을 쉬는 운인데, 아무 말 없이 다니나요?"

"아니요, 쉬면 안 되냐고 했는데 계속 다니게 했어요."

"딸이 무척 힘들어할 것 같아요. 더구나 의사라는 직업은 딸에게 남의 옷을 입는 것과 같아서 공부도 힘들어할 것 같네요."

"맞아요. 1학년부터 힘들다고 했어요. 점점 더 힘들어하네요. 제가 봐도 아닌 것 같은데, 이미 시작했고 또 잘 따라가고 있으니 그냥 조금만 참자며 채찍질 하고 있어요. 남편이 내년에 명퇴 예정인데 직장이 없어지면 의대 공부 시키기에 경제적으로 버거워질 것 같아서요. 아무래도 아빠가 직장 다닐 때 학업을 끝내야 해서요."

"장녀의 책임이 아이를 골병들게 하고 있네요. 의대는 누구의 선택인가요?"

"남편이요. 애가 공부를 좀 하고 여러 군데 합격을 했는데, 남편이 의대를 밀어붙였어요."

"의사 딸이라는 타이틀은 좋은데, 따님에게는 너무 버거운 짐이군요. 따님은 정말 힘들어하고 있어요."

"제가 봐도 그래요. 그래서 이렇게 상담해 보는 거예요."

"따님의 사주를 보면 3월의 태양이 한낮에 태어났어요. 3월의 태양은 봄을 무르익게 하는 역할이에요. 그런데 사주에 큰 바다가 놓여 있네요. 바다 위에 떠 있는 외로운 태양 같아요. 더구나 태양이 감당하기에 너무 큰 바닷물이네요. 자신의 역량을 넘어서니 힘들어하는 거예요. 개구리도 익사한다는 걸 아시나요? 개구리가 헤엄을 치다가도 잠깐씩 쉬어 줘야 하는데, 발 디딜 곳이 없으면 지쳐서 죽는대요. 바다 위에서 계속 발을 움직여야 하는 따님 모습이 떠오르네요. 건강을 해칠까 걱정이 돼요. 특히 29세 운부터는 건강을 조심해야 할 거예요. 잠깐 쉬게 하면 어떨까요?"

"쉬었다가 다시 의대 공부 안 한다 할까 봐 두려워요."

"안 하면 어때요. 엄마가 지금 따님에게 의대가 맞지 않다는 것을 인정하고 있잖아요. 의대, 의사가 중요한 것이 아니라 따님의 행복이 중요하지 않나요?"

"의대 다 마치고 의사국가고시 치르고 쉬면 안 될까요? 아니네요…

딸이 앞으로도 자신에게 맞지 않는 옷을 걸치고 계속 불행하게 살아야 한단 말 같네요. 어떤 것이 옳은지 모르겠어요."

"어머니처럼 자식의 생각, 고통보다 미래를 위해 현재를 희생시키는 분들은 부모가 아니고 학부모라고 해요. 부모라면 자식의 행복을 제일 중요하게 생각해야 하는 것 아닌가요? 저는 '나중에'라는 말을 믿기가 싫더군요. 지금 따님이 지치고 맞지 않는 옷을 입고 고통스러워하는데, 나중에 잘되는 것이 왜 중요한지 잘 모르겠어요. 언제나 지금 현재가 가장 중요하지 않을까 싶어요. 물론 매번 지금 좋아하는 것만 찾아서 살 수는 없지만, 3년 동안 노력해 봤잖아요. 그 정도면 노력해 본 것 아닌가요?"

"맞는 말인데, 결국 딸이 의사가 되는 것이 행복한 것 아닐까요? 그럼 우리 딸은 뭘 해먹고 살아야 하나요?"

"사주에 큰물이 있으니, 그 물을 이용하여 해외와 인연을 맺어도 좋을 것 같아요."

"우리 딸은 가르치는 것도 싫고 공무원도 싫대요. 상담하는 것도 싫대요."

"자유롭게 생활하는 직업을 갖고 싶어 할 것 같아요. 따님의 선택을 지지하고 존중해 주면 좋겠어요."

"걱정이네요. 제가 아직 내려놓질 못하겠어요."

　사주를 해석해 보면 그 사주 주인의 욕망을 정확하게 파악해 볼 수 있습니다. 뭘 좋아하는지, 뭘 싫어하는지부터 세상 사람들과는 다른 기질, 성격, 특성까지… 여러 가지를 발견해 낼 수 있습니다.

　부모와 자식은 다른 사주를 가지고 있습니다. 부모의 욕망과 자식의 욕망이 다를 수밖에 없습니다. 갖고 있는 재료가 다른 사주로 태어났기 때문입니다. 부모의 욕망이 자식에게 적용될 수 없는 이유입니다.

　사주만 알고 있어도 부모와 자식, 나와 타인이 다르다는 것을 이해하게 됩니다. 이해하면 사랑하게 됩니다. **부모가 자신들의 욕망으로 자식의 운명에 관여하면 자식의 삶은 헝클어집니다.** 부모들이 살펴봐야 할 점입니다. 자식을 위해서라는 명분이 과연 부모의 욕망에서 비롯되었는지 살피고 또 살펴야 합니다. **자식들의 사주를 알고 운명을 지켜주는 것도 부모의 역할입니다.**

3장

✧✧✧✧✧

행복은 운명이 아니다

내 책임도 있어요

[사례 1]

"그 식당에서 그만두라 할 것이다 하셨는데, 정말 하루도 안 돼서 그만두라는 통보를 받았어요. 배신감이 느껴져 한바탕 뒤집어 엎어버릴까 생각중이에요."

"그러지 마셔요."

"선생님도 아시다시피 제가 신용불량자잖아요. 직장을 아무 데나 들어갈 수가 없어요. 다행히 이전 사장님이 저를 아끼셔서 잘 다니고 있었는데, 누나가 식당 시작하면서 도와달라고 몇 번이나 사정을 했었어요. 누나가 만나는 남자도 저를 찾아와 부탁을 했고요. 가지 말라고 붙잡는 사장님에게 죄송하다고 말하고 이 식당에서 일한 지 불과 몇 달 안 됐잖아요. 그런데 오늘 그만두라는 통보를 받은 거죠. 심지어 일할 사람도 이미 구해 놨다고 하더라고요. 어떻게 누나라는 사람이 이럴 수가 있어요?"

"속상하고 화난 것도 이해가 돼요. 전적으로 누나가 잘못한 것 같네요. 지금 누나 상태가 정상적이지 않아요."

"맞아요. 얼마나 직원들에게 막 해대는지, 누나 만나는 남자가 누나에게 다시는 식당에 나오지 말라고 했어요. 제가 남자라도 그렇게 여자가 패악을 부리면 정이 떨어질 것 같아요. 심지어 주방에서 일하시는 어머니에게도 패악을 부리고 제게도 그랬어요. 누나를 만나 잘잘못을 좀 가려야겠어요."

"아니요, 아직 아니에요. 누나와 이야기 나누는 것은 올해 지나고 시도해 보세요. 올해는 누나에게 그런 말이 안 먹힐 것 같아요. 누나는 지금 갑자기 사모님 소리 들으며 자기도취에 빠져 있어요. 그 식당이 정리되어 식당 사모가 아무것도 아니었다는 것과 사귀는 남자에게 배신을 당했을 때 깨닫게 될 거예요. 가족들이 소중했다는 것도요. 그리고 어머니에게는 제가 따님이 시작하는 식당 장사에 그렇게 가지 말라고 말렸는데 가셨네요."

"딸이 식당을 시작한다며 제게 얼마나 압력을 넣었는지 몰라요. 내가 80 넘은 노인 말동무 해주면서 월급 잘 받고 있었는데, 딸이 식당 시작한다며 몇 번이나 찾아왔었어요."

"제가 가지 말라고 그렇게 말렸는데, 따님 도와준다는 핑계로 가실 때는 어머님도 그 식당에 가고 싶어 하셨잖아요. 노인 보살피는 것이 감옥 사는 것 같다며 따님 주방 가서 마음껏 휘두르고 싶은 마음으로 가셨잖아요. 아무리 따님이 압력을 넣었더라도 결국은 어머니의 선택이셨어요. 또 동생분도 누나가 찾아와 사정을 했어도 나름 계산이 있어서 직장 그만두신 거고요. 동생분도 결국은 본인의 선택이었어요. 계기는 누나의 부탁이었다고 하지만, 어머님이나 동생분이나 각자의 이해타산에 의해 그 식당에 가신 거죠. 그럼 누나 탓만 할 것이 아니라 자신들의 잘못된 선택에 대한 책임도 지셔야 합니다. 성인이니까요."

"틀린 말씀은 아닙니다. 어머님은 평생 식당일로 음식을 만져 오신 분이라 음식 만드는 것에 자부심이 대단하세요. 그래서 누나가 식당을 시작한다고 하니까 자신의 솜씨를 보태고 싶으셨고, 저도 언제까지 남 밑에 있을 수 없는 나이이니 이참에 식당일을 배워 하나쯤 차려보거나 재수 좋으면 그 식당 운영을 맡아 볼까 했었죠."

"두 분 다 따님 탓, 누나 탓만 하지 말고 가족이 같이 장사를 한다는 것이 얼마나 어려운 일인지 깨달으셨으면 해요. 그걸로 인생 공부 하신 겁니다. 새로운 일터가 곧 나설 것 같으니 툴툴 털고 새 일을 시작하세요."

"그렇잖아도 전에 일하던 사장님이 다시 오라고 하더군요. 그곳에 갈 예정입니다. 맞는 말씀이세요. 누나 탓만이 아니지요. 제가 결정한 것이니까 제 잘못도 있습니다. 오늘 좋은 말씀 감사합니다."

[사례 2]

"결국 아들 내외가 이혼했네."

"그러게 주말부부시키라고 하니까 그렇게 며느리 등 떠밀어 보내더니 결국 6개월 만에 이혼했네요."

"젊은 것들이 같이 있어야 빨리 애기를 낳을 것 아닌가. 1년이나 주말부부 했으면 됐지. 여기서 두 사람 궁합이 괜찮다 해서 결혼시켰더니만 이게 뭔가? 소개시킨 친구도 이제 안 만나네. 어디서 그런 여자를 소개시켜서 우리 아들이 이혼하게 만드는가 하고 전화해서 한바탕 했네."

"어머니, 제가 아드님 결혼 전부터 아드님의 부부궁이 약하다고 옳은 결혼생활 어렵다고 했잖아요."

"그랬지, 그래서 골라서 시켰잖아."

"아버님 병원 물려받을 의사 며느리 보고 싶으셨지만 아드님 직장이 변변찮아서 간호사 며느리 고르셨고요. 그 며느리 못 미더워 며느리가 졸업한 고등학교, 중학교 찾아다니며 졸업증명서 떼 보셨고요."

"내가 그 학교 찾아다닌다고 얼마나 고생했는지…."

"그렇게 어머님이 확인하고 아드님이 1년 넘게 연애한 후 결정한 결혼입니다. 소개시켜 준 친구는 무슨 죄랍니까. 혼자 있는 젊은 남녀는 무조건 만나보게 하는 것이 어른들의 일이지요. 그 뒤에는 두 사람과 가족들이 판단하는 겁니다. 저도 두 사람이 별로 거슬리는 인연이 아니니까 권했던 거고요. 다만 주말부부가 좋겠다고 충고해 드렸잖아요. 그런데 며느리 등 떠밀어 보내서 합가하게 하신 분은 어머니세요. 아무리 주변에서 소개를 해줬더라도 결혼은 결국 자신들의 선택이고 결정입니다. 성인들이 자신들의 선택과 결정으로 빚어진 일을 왜 남 탓을 하세요. 그건 아닌 것 같네요."

"소개를 안 시켜줬으면 이런 일이 없었겠지. 여기서 궁합이 좋다고 말 안 했으면 결혼하지 않을 수도 있었겠지. 결혼을 안 했으면 이혼도 안 했겠지."

"아이고 어머니, 아드님 결혼 언제 하느냐고 제게 묻고 다닌 지가 수년째거든요. 주변에 아드님 장가보낼 수 있게 중매하라고 수없이 말씀하고 다니셨고, 결혼정보회사도 찾아다니셨잖아요. 그러셔놓고는 이제 모든 탓을 소개시킨 친구와 궁합 봐준 제게 돌리시니, 결혼을 결정한 아드님과 가족들은 그동안 뭘 했답니까?"

[사례 3]

"빌려준 돈이 있는데 받을 수 있을까요?"

"어렵겠습니다."

"그럴 것 같아요. 금방 줄 것처럼 빌려가더니 차일피일이네요. 알고 보니 내게만 빌려간 것이 아니더라고요. 정말 나쁜 년이에요. 그래서 고소를 할까 하고 찾아왔어요."

"고소하시더라도 별 성과는 없을 것 같네요. 그냥 화풀이 하는 정도예요."

"알아요. 내가 그냥 있으면 병이 날 것 같아서 무슨 짓이라도 해서 그 년을 못살게 하려고 그러는 하는 거예요."

"본인은 또 얼마나 힘들겠어요. 미움과 원망을 쌓으며 법적인 일까지 시작하려면 온갖 에너지를 쓰셔야 하잖아요."

"그럼 어떻게 합니까, 화가 나서 미치겠는데…. 그년 때문에 피 같은 돈이 날아가게 생겼는데!"

"제가 어느 책에서 읽어본 건데, 돈을 빌려간 사람보다 돈을 빌려 준 사람이 복을 더 못 받는대요. 벌써 금방 말을 하면서 욕을 하고 화를 내셨잖아요. 정작 돈을 빌려간 사람은 그 욕하는 말을 듣지 못하지만, 본인은 지금 그 말을 듣고 화가 나서 주체가 안 되잖아요. 우리 몸은 70%가 물로 이루어져 있대요. 몸 안의 물들은 좋은 말을 하면 좋게 반응하고, 나쁜 말을 하면 나쁘게 반응하게 된대요. 결국 욕을 하고 화를 내면 내 몸이 나쁘게 반응하게 되죠. 몸 안에서 내 세포들이 나쁘게 반응한다는 것은 결국 몸이 아프다는 뜻이잖아요. 그래서 말이 중요하답니다."

"몰랐어요. 너무 괘씸하고 화나니까 말이 막 나오네요."

"그래서 옛말에 돈을 빌려간 사람은 다리 뻗고 자도 돈을 빌려준 사람은 서서 잔다잖아요. 사실 가만히 생각해 보면, 돈을 빌려달라고 했지만 안 줄 수도 있었잖아요."

"너무 급하다 하니까, 금방 준다고 하니까 보내줬죠."

"그렇지만 돈을 보내준 것은 본인이세요. 그 사람이 내 통장에서 돈을 빼간 게 아니라는 거죠. 돈을 보내줬다는 것은 내 의지가 들어갔다는 말이에요. 그 의지는 결국 내 선택이고 결정이었다는 뜻입니다. 돈 빌려달라고 하는 사람은 무슨 소린들 못하겠어요. 그렇지만 빌려주고 안 빌려주고는 오로지 내 결정이에요. 그러면 그분만 탓할 일이 아니죠. 내가 돈을 받을 수 있으리라는 잘못된 판단을 하고 결정을 해서 보내주었으니 내 책임이 더 큽니다."

"그렇긴 하지만… 사람이 옆에서 어렵다고 빌려달라고 하면 마음이 흔들리잖아요."

"네, 사람이니까 당연히 그렇죠. 그러나 빌려줄 때는 못 받을 수 있다는 위험을 염두에 두고 빌려줘야 한다는 것을 아시잖아요. 고소를 하시든, 찾아가서 닦달을 하시든, 결국엔 돈을 빌려준 내 책임도 있다는 것을 알고 가시면 좋겠어요. 모든 행동과 결과에는 남 탓만 있는 것이 아니고 내 탓도 있다는 사실을요."

사주가 주는 공감

살다 보면 우리에게 다가오는 고통의 원인이 전혀 이해되지 않는 경우가 있습니다. 합리적인 이유보다 불합리적인 경우가 더 많아 받아들일 수 없는 것이지요.

그런 경우에 우리는 운명 탓, 남의 탓으로 돌립니다. 물론 지금의 문제가 전혀 이해되지 않고, 잘못도 없는 내가 왜 이런 곡절을 겪어야 하는지 의문이 들곤 하는 것이 사실입니다.

하지만 제 아무리 **정해진 운명이라 해도, 그 운명을 운용하는 사람**

의 의지에 따라 방향을 달리하곤 합니다. 상승과 하강을 반복하는 운명을 잘 건너기 위해서는, 남의 탓이나 운명 탓을 하기보다는 운명의 흐름을 직시해야 합니다. 무엇보다 자기 운명의 운전대는 자신이 잡고 있다는 사실을 잊으면 안 됩니다.

그 말 들으러 왔어요

[사연 1]

"제가 공인중개사 자격증 공부를 시작해 보려 해요. 오늘 책을 사고 인터넷 강의를 끊으려 하는데 합격 운이 있을까요?"

"공부가 전혀 안 되는 운이고, 사주 적성에 맞지도 않는 것 같아요. 그리고 부동산 중개업이 실제로는 어려워요. 며칠 전 신문에 나왔던 데, 부동산중개업 월평균 소득이 정말 낮은 수준이었어요. 그리고 합격한다고 해도 공인중개사 자격증일 뿐이에요. '증'은 '자격이 있다'는 말이지 '돈을 번다'는 개념은 아니에요. 공부에 별 진전이 없을 듯해요. 하던 공부나 계속하면 어떨까요?"

"그 말을 들으러 왔습니다. 막상 공인중개사 자격증 공부를 하려 하니 걱정스럽고, 하기 싫고, 과연 할 수 있을까 싶고… 그래서 책 사기 전에 선생님의 의견을 듣고 싶어서 왔어요. 더 이상 고민하지 않고 포기할 수 있으니 속이 시원하네요."

[사연 2]

"제 운이 어떤가요?"

"뭐 별다른 일 없으세요. 다만 병원에 돈 좀 갖다주는 해일 것 같아요. 큰 병은 아니고요."

"사실은 제가 그것이 궁금해서 왔어요. 요즘 자꾸만 병원 갈 일이 생겨서 큰일이 있으려나 싶어서요."

"운 땜이세요. 큰 병은 아니시고요."

"제가 쌍꺼풀 수술하고 싶은데, 이럴 때 해도 되나요?"

"네, 해보세요."

"그 말 들으러 왔어요. 병원 다니면서 내게 큰 병이라도 있으면 어쩌나 걱정했거든요. 별 일 없다니까 하고 싶던 쌍수나 해야겠어요."

[사연 3]

"사귀던 남자랑 헤어졌는데 남자가 제게 해코지를 계속하고 있어요. 제 차를 긁어 놓기도 하고 제 영업장을 경찰에 신고하기도 하네요. 이 남자를 뗄 수 있을까요?"

"왜 헤어지셨나요?"

"전 남편이 노름꾼이었어요. 노름 때문에 이혼했죠. 그래서 저는 노름하는 남자를 제일 싫어합니다. 그런데 알고 보니 이 남자도 노름을 좋아하는 거예요. 그래서 노름하는 사람 싫다고 제가 밀어냈어요."

"자신의 잘못 때문에 여자가 싫어하는 줄 알고, 노름을 좋아하는 사람이라 어느 순간에 포기하겠네요."

"그 말이 듣고 싶어서 왔어요. 제가 장사를 하고 있어서 매몰차게 대하지도 못하고 그 자리를 뜰 수도 없어서 내심 긴장하고 힘들었거든요. 다행입니다."

사주가 주는 공감

상담하러 오는 분들 중에는 삶이 답답하고 안 풀려서 오는 경우도 있지만, 자신들이 듣고 싶은 말을 확인하고 싶어서 오는 경우도 많습니다.

사업이나 장사를 하고 싶으면 '잘될 거니까 해보라'고 해주길 바라고, 사람과 인연을 맺고 오래 가고 싶은 사람은 '그 인연이 오래 갈 것이다'라고 말해 주길 원하고, 남편과 이혼할 마음이 전혀 없으면서 이혼하고 싶다고 투덜대며 남편 흉을 보면서 '언제 이혼할까요?' 물으면서 '이혼이 어려울 것 같으니 참고 살아봐라'라든지 '남편이 잘 하게 될 거니까 기다려 봐라'라는 말을 듣기를 원합니다. 연인과 다툼 후에 잠시 연락이 끊기면 이제는 정말 헤어지고 싶다면서 넌더리가 난다고 투덜댑니다. 이제 정말 자신들의 인연이 끝난 거냐고 물으면서 정작 듣고 싶은 말은 '아직 인연이 남아 있어서 다시 연락이 올 것 같다'고 말해 주길 바랍니다.

사람의 마음은 오묘합니다. 입으로 뱉는 말과 실제의 마음이 다를 때가 있으니, 그 사람이 실제 원하는 마음을 헤아려서 위로해 주고 상담을 해주어야 합니다.

앞으로 28년은 더 살겠어요

"요즘 매일 술로 삽니다."

"왜요?"

"사는 게 허무해서요."

"뭐가 제일 허무하세요?"

"나이가 예순하고도 하나잖아요. 50대는 그래도 희망이라는 것이 있었어요. 그런데 막상 예순을 넘어서니 삶이 나아진 것도 없고 빚만 늘어나고 자식 일은 마음대로 안 되네요. 40년 정말 열심히 살아왔는데, 남는 것이 없다는 생각이 드네요."

"그러시군요. 건강은 어떠세요? 사주에는 위장이 약해요."

"스트레스 때문인지 역류성 식도염이 더 심해져서 병원 다니고 있어요. 죽고 싶다는 생각만 들어요. 자식들은 자기들 운명대로 살 것이고, 예순 넘은 내 삶에 얼마나 더 비전이 있겠나 싶으니 절망감만 드네요. 그럴 바에야 지금 죽어도 좋지 않을까 싶은 마음이 강해요."

"어떡하죠? 운으로 봤을 때 최소 89살은 넘기실 것 같은데… 지금 죽겠다고 시도해 봐야 소용없을 것 같아요. 몸만 상해요. 앞으로 최소 28년은 더 살아야 한다는 뜻이에요."

"아휴!! 지겨워라."

"어쩔 수 없죠. 그럼 오늘부터 생각을 다르게 하셔야 해요. 앞으로 28년을 어디서 누구와 어떻게 살 건가 계획을 세우셔야 해요."

"그러네요. 뭘 하고 살아야 하죠? 한 번도 생각해 보지 않은 시간이네요. 앞으로 언제까지 이 일을 할 수 있을까요?"

"얼마나 하셨죠?"

"30년."

"운을 봐서는 앞으로 20년은 거뜬히 하실 수 있는 운이세요. 본인이 그만두고 싶을 때까지 하실 수 있어요. 다만 재물을 쌓는 그릇이 약해서 가지고 있는 재산이 많지는 않아 보이네요."

"많이는 무슨! 없어요, 없어."

"네, 그러겠죠. 재물이 들어오지만 흘러가 버리는 재물 그릇이니까요. 그러나 들어오는 것만도 어디에요?"

"딱 그만큼만 들어오니까 지치는 거죠."

"이제부터 생각을 바꿔보세요. 돈은 어찌되었든 들어올 거니까, 그만큼에 맞춰 살아보세요. 돈 걱정은 누구나 한평생 하는 거니까, 그 걱정은 좀 미루고 다른 걱정을 해보세요."

"어떤 걱정을 할까요?"

"장사는 생활비도 벌 겸 나이 들어가며 일하러 나갈 놀이터로 놔두고, 그동안 해보고 싶었는데 못해 본 것이 뭐가 있나 찾아보세요. 예를 들어 사주는 선생님 사주인데, 운이 거꾸로 와서 공부와 인연이 약했네요. 이제부터라도 뭔가를 배워보세요. 제가 지난 가을부터 수필반 수업을 다니는데, 같이 배우시는 분들의 연령이 대부분 60대 70대세요. 저는 그곳에 가면 많이 어려요. 인생의 1막을 사신 분들이 60세 넘어 시작하세요. 나이가 들어야 제 맛이 나는 것들이 많아요. 수필을 중년의 문학이라 한대요. 또 어떤 분들은 천에 그림 그리는 것을 배우셔서 같이 배우는 사람들끼리 전시회도 하시더군요. 제 지인은 이것저것 배우시다가 한자1급을 따서서 올해부터 복지관에서 학생들 한자를 가르쳐요. 나이가 70대 중반이세요. 밥벌이 걱정 40년 하셨으나 답도 없잖아요. 그 걱정 말고 밥벌이와 상관없는 일 하나 잡아서 해보세요. 이제 예순하나. 지금부터 시작해 배우고 익히길 10년 하시면 70대에는 그쪽에 일가견이 생기잖아요. 만약 직장생활을 하셨다면, 이제 퇴직하고 2막을 준비하는 나이잖아요."

"그러네요. 생각해 보지 않았어요. 눈뜨면 장사 걱정하고 집에 가면 허무해서 술 마시는 생활이었네요."

"술 따라 우리 몸에 나쁜 기운이 제일 많이 들어와요. 나이 들어 제일 겁나는 일이 두 가지더군요. 내 정신으로 세상을 보지 못하는 뇌졸중, 치매 같은 거랑 팔다리를 내 마음대로 움직이지 못하는 골절이나 수술 같은 거 말이에요. 앞으로 최소 28년을 자식들에게 짐스럽지 않게 사시려면 정신 바짝 차리고 건강 챙겨야 해요. 나이가 들수록 몸이 말을 듣지 않잖아요."

"갑자기 긴장이 되네요."

"그럼요. 삶에 긴장감이 있어야 활력이 생겨요."

"정신 차려야겠어요. 앞으로 28년이라니 끔찍하네요."

"어차피 살아야 한다면 좀 더 건강하고 즐겁게 사는 걱정을 해보세요."

"감사합니다. 오늘 좋은 말씀 들었어요. 질질 짜고 있을 때가 아니네요."

사주가 주는 공감

살면서 누구나 힘든 시간을 지납니다. 나이 쉰이 넘어도 힘든 시간이 없었다면, 그 삶이 정말 복된 삶이었을까요? 정말 힘들지 않았을까요? **사주에는 좋은 운으로만 흐르는 경우는 드뭅니다. 대부분의 사주에서 운은 오르고 내려가기를 반복합니다.**

우리는 힘든 것은 무조건 나쁜 것이라 생각합니다. 힘든 시간 자체가 없기를 바랍니다. 그런 삶이 있을 수도 없지만 햇살만 비치는 인생이었다면 그 삶 안에서 무엇이 익을 수 있을지 의문이 듭니다.

국화꽃 한 송이를 피우기 위해 봄부터 소쩍새도 울었고, 천둥은 먹

구름 속에서 울었고, 무서리도 내렸다는 서정주 시인의 시처럼, 인생의 힘든 시간을 무조건 거부만 할 수는 없습니다.

인생의 시련, 굴곡을 인정하는 것이야말로 힘든 운의 구간을 지나는 가장 현명한 방법입니다. 인정하면 나를 돌아보게 되고, 이겨 낼 마음을 가질 수 있게 됩니다. 마음을 비우게 됩니다. 그래야만이 힘든 구간을 건너갈 해결 방법을 찾게 됩니다. 받아들이고 인정하고 견디다 보면 상황은 변하게 되어 있습니다.

영감 운수가 어떤가?

"울 영감 것만 올해 운수가 어떤가 보러 왔어."

"네, 어머니. 아버님께서 올해 연세가 여든두 살이시네요. 아버님의 올해 운세가 많이 안 좋으세요. 병원에 입원하실 운이시네요. 수술 운도 있으시고요. 뇌졸중이나 심장질환 쪽이 나쁘세요."

"올해 영감이 죽겠나?"

"죽고 사는 것은 명리학의 영역이 아니에요. 그렇지만 죽을 만큼의 고비는 있으실 것 같아요. 운세가 약하네요. 대운도 약하고 세운도 약해서 이런 운에는 조심하고 지내야 해요."

"그 말 들으러 왔어. 실은 울 영감이 심장판막이래. 수술하는 방법밖에 없다네. 약도 없대. 노인네 가슴을 열어 수술을 해야 하나 고민이 되어서 왔어. 영감은 절대로 몸에 칼 대기 싫다 하시네. 80이 넘어서 얼마나 더 살려고 가슴을 여는 수술까지 해야 하느냐고 마음을 굳

히셨네. 수술비도 3천만 원에서 5천만 원 정도 든다네. 영감하고 나는 그렇게 결론을 봤는데, 자식들이 그래도 할 수 있는 일이 있다면 최선을 다해 봐야 하지 않느냐고 수술하기를 권하니… 어째야 하나 싶어서 물으러 와봤어."

"가족들 마음은 당연한 것 같아요. 제가 이래라저래라 할 권한도 없고요. 참고를 하시라고 운세나 말하는 역할밖에 해드릴 것이 없네요."

옆에 같이 듣고 있던 딸이 눈물을 흘리며 훌쩍거리자, 우는 딸에게 어머님이 한마디 하십니다.

"울지 마라. 너희 아버지 생각도 그렇고 내 생각도 그렇고, 가슴까지 열어가면서 수술을 한다고 그 수술이 잘된다는 보장도 없잖아. 병원에서 고생만 할 것 같아서 안 하기로 한 거야. 그래도 사람이 더 살고 싶은 마음은 누구나 있는 거라, 느그 아버지가 말은 저렇게 하셔도 수술하자고 하면 하실 수도 있을 것 같은데… 정말 수술을 하는 것이 좋을지, 괜히 수술 시작해서 못 깨어나실까 봐 그것도 걱정이고, 팔순 노인네 고생만 시킬까 봐 걱정이고, 병원에서 정신없이 계시다가 가면 허망할 것도 같아서 운세나 보려고 온 거니까 울지 마라."

"제 생각에도 운세가 약하니 수술을 하는 것보다, 정신 좋으실 때 하고 싶은 일을 하면서 지내는 것도 괜찮을 것 같습니다."

"올해는 넘길 것 같은가?"

"올해는 넘기실 거예요. 걱정 마시고 아버님에게 좋은 추억을 많이 만들어드리세요."

"그 말 들으러 왔는데, 그렇게 말해 줘서 고맙네."

이런 상담은 어렵습니다. 어느 것이 최선인지 나에게 조언을 구하는데, 내가 의사도 아니고 하느님도 아닌데 뭐라 말해야 할지 난감합니다. 그럴 때는 담백하게 공부한 대로 운세를 말씀드립니다. 조언은 하되 결정은 가족들이 할 수 있도록….

사주가 주는 공감

사주팔자를 쓰고 그 아래에 흐르는 대운을 쓰는 규칙이 있습니다. 대운을 쓸 때는 대운이 바뀌는 숫자를 씁니다. 대운 숫자는 인생의 터닝포인트가 되는 나이입니다. 대운이란 사주에 영향을 미치는 시기를 10년 단위로 끊어 놓은 것입니다. 결국 대운은 10년간 내가 살아갈 환경입니다.

대운의 숫자를 쭉 써나가다 보면 짧게 끝나기도 하고 길게 쓰기도 합니다. 아무리 길어야 열 번째까지입니다. 열 번째까지 썼다면 그 사람의 수명은 100세가 넘습니다. 대운의 숫자가 끝나는 시점이 죽음과 연관이 됩니다. 젊은 나이에 숫자가 끊어지면 안타깝습니다.

세상 그 누구도 대운이 끝없이 이어지는 사람은 없습니다. 어디선가 멈추게 되어 있습니다. 누구나 죽음과 마주친다는 말입니다. 대운을 적어놓고 한 사람의 일생을 들여다보노라면 세상만사 가벼워집니다. 몇 번의 숫자 쓰기 안에 들어 있는 삶인 것입니다.

사주에서 대운의 비밀은 '인생 어렵게 살지 말라'입니다. 대운은 우리에게 인생에는 오르막이 있으면 내리막이 있고, 모든 길에는 끝이 있으니 죽기 전에 해보고 싶은 것들 해보고, 가보고 싶은 곳들 가보고, 만나고 싶은 사람들 만나보라고 말합니다. **대운이 끝나는 순간이 있으니 후회 없이 살아보라고 일러줍니다.**

남편이 '나쁜 놈' 소리를 들어야

"시어머님과 시누이, 저희 부부 것을 봐주세요."

"남편이 아주 효자 같아요. 그러나 부부 운이 깨어질 위기가 있는 한 해입니다. 두 분 사이는 좋은 것 같은데, 무슨 일이 있나요?"

"저희가 이혼할까요?"

"두 분 사주궁합만 보면 이혼까지 갈 정도로 사이가 나쁘지 않아요. 다만, 올해 운은 부부궁이 시끄러울 것 같네요."

"사실은 지난 1월 시아버지 생신 전에 일이 생겼어요. 제가 맏며느리니까 그동안 생신상 준비를 책임지고 해왔어요. 그런데 올해 아버님이 환갑이라 좀 다르게 생신을 챙겨드리고 싶어서 시누이와 의논을 했어요. 그런데 그 과정에서 시누이가 어머님과 저 사이를 이간질한 것 같아요. 어머님이 화가 많이 나서 저를 부르셨어요. 시댁에 들어서니 갑자기 저의 머리채를 잡고 '너 같은 것 필요 없으니 당장 나가!'라며 고함을 지르셨어요."

"뭘 잘못했기에 나가라는 소리까지 들었나요?"

"아버님이 몇 년째 병석에 누워 계셔요. 그동안 제가 생신 때마다 음식을 만들어 가서 가족들과 모였거든요. 이번에는 환갑이기도 하고 해서 밖에서 외식하자고 했어요. 시누이에게 '외식하는 돈은 저희가 낼 테니 선물 준비는 아가씨가 하면 좋겠다' 했더니 시누이에게 '돈 내라' 했다고 화가 나신 거예요. 딸이니까 그 정도는 할 수 있지 않나요?"

"그 정도로 그렇게 화를 낼 일은 아니잖아요?"

"그동안 제가 그런 경우를 많이 겪어왔어요. 제가 친정어머님이 일찍 돌아가시고 친정아버님도 몇 년 전 돌아가셔서 고아거든요. 그렇다 보니 시어머님과 시누이가 저를 많이 무시해 왔어요. 저는 부모님이 안 계시기 때문에 두 분에게 잘해 드리려고 갈 때마다 어머님 어깨도 주물러드리고 아버님도 챙겨드리려고 노력해 왔어요. 여자가 잘못 들어와 형제간에 우애 없다고 할까 봐, 그런 소리 듣기 싫어서 시누이에게도 어떡하든 숨을 죽여 왔어요. 제 신념은 '효도해야 복 받는다'예요. 그래서 저는 효도하는 길이면 제가 아프거나 다쳐도 상관없다고 생각해 왔어요. 그런데 이번에는 어머님이 너무 심하게 말씀하셔서 제가 조금 대들었어요. 시누이에게 생신 돈을 전가시키려는 것이 아니라 조금 분담하면 좋겠어서 그런 거라고 말씀드렸어요. 그랬더니 말대꾸한 다고 제 머리를 잡아채시며 당장 이혼하고 이 집안에서 나가라고 고함을 지르신 겁니다."

"저런! 그동안 그렇게 살아오신 겁니까? 그럴 때마다 남편은 뭐합니까?"

"그것이 이상해요. 남편은 어머님 말이라면 절대 복종을 해요. 또 시누이 말도 잘 들어줘요. 착한 아들이고 착한 오빠예요. 저랑 있을 때는 아무 문제가 없는데, 시댁식구들과 관계에서 남편은 언제나 어머님 말씀이 옳으니 절대 따라야 하고 시누이는 동생이니 봐줘야 한다고 해요. 저는, 아내라는 존재가 남편에게는 없나 봐요. 그래서 가끔 남편에게 '나는 뭐냐'고 물으면 대답을 안 해줘요."

"남편이 집안에서 교통정리를 잘못하고 계시네요. 이럴 땐 남편이 어머님에게 '나쁜 놈' 소리를 들어야 하는데, 남편이 그러기 싫어하니 일방적으로 며느리만 피해를 보는 것 같아요."

"선생님, 저는 이혼하기 싫어요. 남편과 사이는 좋거든요. 그리고 시부모님에게도 잘하고 싶어요. 그런데 이제 어머님 집에 못 가게 생겼어요. 어떻게 하면 좋을까요?"

"착한 마음은 알겠는데, 이 일은 착하다고 해결될 일만은 아닌 것 같아요."

"그전에 이렇게 어머님이 화를 내신 적이 몇 번 있었어요. 그때마다 제 잘못이 아니라도 무조건 빌고 고개를 숙였지요. 그런데 이번 일은 아무리 생각해도 제가 잘못한 것 같지 않은 거예요. 그리고 이제는 저도 빌기가 싫어요. 제가 너무 마음에 상처를 받는 것 같아서요. 이대로 참고 가면 제가 병이 날 것 같아요."

"그러게요. 무조건 희생만 강요하는 그쪽 어른들과 남편이 문제네요. 그것을 이용하는 시누이의 나쁜 심성도 문제고요. 그러나 부인이 풀 수 있는 문제가 아니네요. 남편이 교통정리를 하셔야 할 것 같아요. 그렇지 않으면 한동안 시댁에 가지 마세요."

"가지 않는 것이 아니라 못 가요. 지난 설 명절에도 남편만 다녀왔어요. 이러다 저희가 이혼할까 봐 걱정되어 상담 왔어요."

"안타깝지만 올해 이혼, 별거 운은 있어요. 마음 단단히 먹고 대처하시기 바랍니다. 착한 며느리도 한계가 있어요. 그리고 아무리 자식이 잘해 드리려 해도 부모에게도 받을 복이라는 게 있습니다. 주지 못해서 안타까워하는 마음은 알겠지만, 부모가 받을 복이 없으면 자식과 사이가 멀어지기도 하더군요. 자식에게 줄 수 없는 상황이 생기기도 해요. 너무 효도해야 한다는 생각에 집착하지 마시고 시댁과의 관계, 남편과의 관계를 흐르는 대로 조금 지켜보세요. 지금 상황은 효도를 논할 상황이 아닌 것 같네요. 남편의 각성이 없는 한, 부인 쪽의 일방적 희생을 강요하는 관계만으로는 한계가 있습니다. 지금 부인이 할 수 있는 일은 없는 것 같으니 그냥 있는 것이 좋겠어요."

"제가 자식으로서 잘못하고 있는 건 아닌지 마음이 불편하고 힘들었어요. 선생님 말씀을 듣고 보니 제 잘못만은 아닌 것 같아서 조금 위안이 됩니다. 남편에게 기대하지는 않지만, 그래도 기다려볼래요."

사주에는 사람 내면의 천성과 성품을 알아볼 수 있는 '격'이 있습니다. 선천적 인격입니다. 한 사람의 인물됨의 그릇을 의미합니다.

사주의 많은 격들 중에 '귀격'이라는 게 있습니다. 귀격은 대체로 귀하게 되고 성공합니다. 귀격이 되려면 보통의 사주보다 특수해야 합니다. 그릇이 다릅니다.

그릇이 남다르면 사람이 배포가 큽니다. 큰일을 해내는 사람들은 자신의 단점을 인정할 줄 압니다. 다른 사람의 충고를 받아들일 줄도 압니다. 주변 사람들을 섬길 줄 압니다. 인복이 좋아지는 방법으로 삽니다.

인복 중에 최고는 가족 복입니다. 결혼 전에는 부모, 형제자매와 운을 나누고, 결혼을 하면 배우자, 자식과 운을 나눕니다. 자연스러운 흐름입니다. 결혼 후에도 부모, 형제자매에게 얽매여 있다면 인복을 거슬리는 행동입니다.

아무리 선천격이 좋지 못하게 태어났더라도 살아가면서 좋은 인복을 쌓는다면 후천격이 좋아집니다. **인복을 쌓는 가장 좋은 방법은 가족 운의 자연스러운 흐름을 따르는 것입니다.**

이쁜 손가락, 미운 손가락

"24년을 아버지 밑에서 일했습니다. 장남이기도 하고 부모님께서 언제나 '당연히 저 공장은 네 것이니 잘 키워봐라'라고 말씀해 오셨습니다. 집사람과 저는 부모님이 연로해지면 공장을 물려받고 부모님 모시면서 살아가는 것이 당연한 수순인 줄 알았습니다. 내 것이 될 거라는 기대에 밤낮으로 일했습니다. 그런데 막상 아버님이 아프시고 병원에 입원하시니 어머님께서 모든 재산을 동생들 앞으로 돌려놨던 겁니다. 아버님 돌아가시고 유산을 정리하려니 아무것도 아버님과 어머님 명의로 된 것이 없었습니다."

"혹시 부모님에게 입양된 자식인가요?"

"아니요. 집안 어른들이 계시는데 그런 일은 없었습니다."

"그럼, 어떻게 했기에 이렇게 장남을 내치실까요?"

"저도 잘 모르겠습니다. 집사람도 언제나 부모님을 공경하는 사람입니다. 저는 공장에서 아버님 뜻 받들며 일을 해왔지요. 다만 동생들이 어머님에게 잘하려고 노력한다는 것은 알고 있었어요. 같은 자식이니까 부모님에게 잘하는 것은 당연한 것이라 생각해서 별 의심을 해보지 않았죠. 그런데 어머님께서 아버님 아프신 틈을 타서 모든 명의를 동생들 앞으로 이전했다는 것을 알았습니다."

"상담을 하다 보면, 열 손가락 깨물어 아프지 않은 손가락 없다는 말이 틀린 말이라는 것을 느끼는 경우가 있어요. 저도 그런 경우를 겪어 봤지요. 한동네 살면서 시어머님께 매일 식사 챙겨드리고, 어머님이랑 어디든지 같이 다니고, 병원도 모시고 다니던 저보다 1년에 한두 번씩 멀리 사는 동서가 온다고 하면 온갖 맛있는 반찬 준비해 놓고 마을 어귀에서 기다리십니다. 가끔 와서 주머니에 봉투 넣어드리고 가면 입에 침이 마르도록 칭찬을 하십니다. 떨어져 있으니 애틋하신가 보다 이해하곤 했지만, 솔직히 서운할 때가 더 많았어요. 가까이서 수발 들어주는 자식보다 멀리서 가끔 오며 돈 봉투 드리는 자식이 더 귀하게 느껴지는 것이 부모 맘일까 생각했었죠. 아마 가까이 있는 장남이라고 당연하게 생각하셨나 봅니다."

"그런 것 같습니다. 제가 하는 것은 당연한 것이고, 동생들이 하는 것은 기특한 일이었던 것 같습니다. 그러다 보니 동생들이 살랑살랑 요구하는 것들을 해주신 것 같습니다. 아무리 그래도 저희가 20여 년 몸 바쳐 일군 공장인데, 저희 먹고살 길이라도 남겨두고 동생들에게 주었다면 덜 서운할 텐데… 모든 것을 동생들 앞으로 해두었으니, 저희는 동생들에게 쫓겨나야 합니다. 재산을 모두 챙긴 동생들 입장에서는 껄끄러운 형님이잖아요. 돈 뺏기고, 부모 뺏기고… 제가 인생을 잘못 산 것 같습니다."

"가슴 아픈 가족이네요."

"저희가 소송을 해서 저희 몫을 찾으려 해도 아버님이 살아계실 때 증여한 것으로 되어 있어서 그것도 어렵다네요. 이런 억울한 일이 어디 있습니까?"

"치밀한 동생들이군요. 그래도 방법이 있을 것 같아요. 세무서나 법무사의 도움을 받아보세요. 그리고 몇 년 후에 다시 일어설 수 있는 운이 있습니다. 부인과 마음을 잘 추슬러 다시 시작하시기 바랍니다."

"다시 일어설 수 있을까요?"

"네, 충분히 일어설 수 있습니다. 착하게 살아오셨고 부모님을 공경해 오셨으니 그 복은 받으실 겁니다. 부모님 재산은 잊어버리고 다시 일어서도 충분합니다."

"감사합니다. 다시 일어설 수 있는 운이 있다니 다행입니다. 당장 공장에서 나와 다른 곳으로 이사부터 해야 합니다. 그 비용은 나오겠습니까?"

"네. 기관의 도움을 받아서 동생들에게 반박할 자료를 찾으시면 이사 비용 정도는 챙기겠습니다."

"알겠습니다. 좀 더 알아봐야겠어요. 그동안 공장 세금을 저희 통장에서 저희가 내왔으니, 그 자료를 활용해 봐야겠습니다."

여자에게 '식상'은 자식을 나타냅니다. '식신'과 '상관'을 묶어서 '식
상'이라고 합니다. '식신'의 기운은 여자 입장에서 내가 생하는 오행이
고 나와 음양이 같은 오행입니다. 엄마가 말하는 것이 고스란히 자식
에게 전해진다고 봅니다. '상관'의 기운은 내가 생하는 오행은 맞는데,
음양이 다릅니다. 엄마의 말이 한 번 바뀌어 전달된다고 봅니다. 명리
학에서는 이미 엄마의 마음과 전달이 자식마다 다르다는 것을 알려주
고 있습니다.

똑같은 자식이지만, 자식들이 하는 짓도 다르고 그 자식들을 보면서
느끼는 엄마 감정도 다른 셈입니다. '열 손가락 깨물어 안 아픈 손가락
없다'가 아닙니다. 자식 입장에서는 '똑같은 자식인데'라고 할 수 있으
나, 엄마 입장에서는 식신과 상관으로 나뉘니 엄마의 사랑이 흘러가는
것도 다를 수밖에 없습니다. 자식 입장에서 부모덕이 다른 이유입니다.

또 자식의 사주에 나타난 부모 복도 모두 다릅니다. **아무리 피를 나
눈 형제간이라도 사주가 같을 수는 없습니다. 똑같은 부모의 사랑이
라도 받아들이는 그릇이 다릅니다. 그릇이 다르니 부모 혜택도 다를
수밖에 없습니다.**

부모형제와의 인연에 기대하지 마세요. 그들은 그저 가족이라는 인
연일 뿐입니다. 존재 자체에 의미를 두어야 합니다. 물질적으로 기대
했든 정신적으로 기대했든, 인연의 관계일 뿐입니다.

내 시간의 주인은 내가 되어야 합니다

"늦은 시간인데 상담이 가능할까요?"

"왜 퇴근하지 않고 있나요?"

"몸이 움직여지지 않을 정도로 쳐지는 기분이라 맥 놓고 있는데, 선생님이 생각나서 혹시나 하고 연락했습니다."

"배가 고플 텐데 왜 이렇게 늦게까지 직장에 있어요?"

"일상이에요. 오늘보다 더 늦을 때가 비일비재합니다."

"그렇군요. 직장생활은 매여 있는 몸이라 퇴근도 쉽지 않나 보네요. 그런데 무슨 일이 있나요?"

"뭐 특별한 일이 있는 것도 아닌데 기분이 다운되네요. 제가 직장에서 중간관리자 일을 20년 넘게 해왔으니, 눈 감고도 할 수 있을 정도가 되었죠. 올해 저희 직장에 본부장이 바뀌었습니다. 본부장은 비교적 일을 잘하시는 편입니다. 그런데 거래처 중 한 곳에서 자꾸 클레임을 걸어옵니다. 부당한 요구라 저희가 모른 척하고 있는데 급기야 본부장에게 직접적으로 말을 했나 봅니다. 본부장도 내막은 아시지만 일단 거래처 요구이니 저희에게 내려옵니다. 중간에 부서장께서 막아주셔야 하는데, 저희 과장님은 성품만 좋으셔서 바람막이가 되어주지 않으시네요. 그러다 보니 부당한 요구가 스트레스가 됩니다. 거기에 아래 신입 직원이 아직 제대로 일을 배우지 못해 신입 직원이 해야 할 일의 일부분까지 제가 커버하고 있는 중입니다."

"위아래에서 치이고 있네요."

"그동안 해오던 일이라 이렇게까지 처질 일이 아닌데… 왜 이러는지 모르겠습니다."

"혹시 직장일 말고 개인적인 시간은 어떻게 지내시나요?"

"자기개발을 위해서 독서모임 두어 곳을 다니고, 올 3월부터 대학 강의 수강하게 되었어요. 교수님 친분으로 공부하러 와달라는 부탁을 받아서, 할 마음은 없었지만 다니게 되었지요. 토요일과 일요일에 갑니다."

"집에 가족은 어떻게 되나요?"

"부모님이 같이 사시고 늦둥이가 하나 있습니다."

"시간에 많이 쫓기시겠네요."

"그런가요? 그렇게 생각해 보지 않았는데요."

"제 생각에는 지금 마음의 여유가 없는 것 같아요. 직장에서 거래처 관계는 그동안 해오신 경력으로 얼마든지 커버할 수 있는 일 같습니다. 그런데 마음의 여유가 없으니 모든 것이 무기력하게 느껴지는 것 아닐까요? 이유는 쫓기듯 짜인 스케줄 때문 같네요. 갑자기 하게 된 대학 공부가 원인 같습니다. 자신의 계획에 의해 시작한 공부가 아니고 교수님 요청에 못 이겨 시작하다 보니 그렇게 흥미가 있을 것 같지도 않고, 직장일과 병행하려니 갑자기 시간이 타이트해졌겠죠. 몸과 마음이 쫓기는 생활이 된 것 같아요. 자신은 느끼지 못했지만 서서히 지쳐가고 있었던 것 같습니다."

"아, 맞네요. 저는 못 느끼고 있었어요. 제가 여유가 없어졌다는 말이 가슴에 확 와 닿습니다."

"시간에 쫓겨 사는 삶은 점점 지치게 되더군요. 그래서 저도 독서모임을 줄이고 있습니다. 아무리 자기개발이 좋다지만, 따라가다 보면 점점 그곳에 맞춰서 해야 할 것들이 많아집니다. 제 본업은 역학 공부와 상담이기에 부수적인 것들을 잘라내며 내 시간을 내가 지배하려 노력하곤 합니다. 그래야 짜증이 나지 않으니까요."

"이제야 선명히 제 마음의 병을 알았습니다. 원인을 알게 되니 오히려 답을 쉽게 찾을 수 있을 것 같네요. 사회활동을 줄여서 나만의 시간을 확보해야겠습니다."

"네, 때론 혼자 심심하게 지내는 시간도 필요하더군요. 그런 여유 있는 시간이 정신건강을 지켜주는 걸 많이 봅니다. 외로운 시간도, 고독의 시간도, 때로는 모두 약이 됩니다. 배움이 좋다지만 내가 떠 밀려가면 안 됩니다. 내 시간의 주인은 내가 되어야 합니다."

"이야기를 나누다 보니 기분이 풀렸습니다. 감사합니다."

사주를 보면서 마음을 읽습니다. 인간의 근본 욕망을 다섯 가지로 구분해 봅니다. 십성이라는 구조와 연관 지어봅니다.

음식을 먹고 싶은 욕망은 나를 생해 주니 '인성'으로 봅니다. 남녀의 성욕은 감정을 나누는 것이니 '식상'으로, 재물에 대한 욕망은 '재성'으로, 잠을 자야 하는 휴식의 욕망은 '비겁'으로, 명예를 추구하는 욕망은 '관성'으로 나누어 살핍니다.

어느 것 하나가 무너져도 마음은 힘들어합니다. 문제는 자신이 어느 부분을 쫓고 있는지 자각을 못할 때입니다. 또 한쪽 욕망을 따라가면 다른 욕망이 반란을 일으킵니다. **욕망에도 균형이 필요합니다.**

욕망과 마음이 따로 있는 것이 아닙니다. 욕망이 바쁘면 마음도 바쁩니다. 마음이 바쁘면 짜증이 나고 화가 납니다. **살다가 짜증이 자주 난다면 내 마음이 어디에 있는지 들여다봐야 합니다.** 어느 욕망이 나를 바쁘게 하는지 알아채야 합니다. 알아채야 바쁨을 멈출 수 있습니다.

언제까지 아들의 삶을 책임질 건가요?

"아들이 이혼 후 저희 부부가 아들 집에 들어가 같이 살고 있습니다."

"작년에 그 문제로 상담하셨잖아요."

"우리 아들은 언제쯤 자립할까요?"

"아드님 사주에 직장 그릇이 없어요. 직장이라는 곳에 들어갔더라도 스스로 나오곤 할 것 같아요."

"맞아요. 아들이 한 직장에 진득하니 있지 못하더군요. 그럼 저희가 뭐라도 하나 차려줘야 하나요?"

"만약 지금 아버님이 돈이 있어서 뭘 하나 차려주더라도 아드님은 그곳을 자신의 놀이터로 여기지 열심히 운영하지는 않을 것 같습니다. 비록 시작은 부모님이 해주더라도 운영비며 월세 등은 감당해야 하잖아요. 아드님은 그렇게 악착같이 살 의지가 없어 보입니다."

"역시 그런가요? 지금도 아침에 헬스장 가서 운동하고 집에 와서 조금 쉬고 다시 운동만 하며 살아요. 헬스장 비용과 닭가슴살 등 식이요법 비용만 한 달에 200만 원이 넘어요."

"아버님은 지금 뭐하고 계시나요? 어려서부터 그렇게 아드님에게 뭐든지 원하는 대로 해주기만 하셨죠? 아버님의 교육관이 문제인 것 아시죠?"

"아는데… 어떡합니까? 아들이 결혼할 때도 우리 부부가 대출금 감당하기로 작정하고 집을 사주었어요. 그런데 1년 살고 헤어졌어요. 혼인신고도 안 하더니 결국엔 헤어지더라고요. 여자 쪽 어머니가 우리 아들이 능력 없다고 싫어하더니, 결국엔 아들이 직장을 그만두니까 짐 빼서 나가더라고요. 며느리도 아들과 같은 직장에 다녔는데, 며느리는 직장을 같이 다니면서도 아르바이트를 하더라고요. 직장에서 받는 월급보다 아르바이트해서 버는 돈이 더 많더군요. 그런데 우리 아들은 그나마 직장마저 그만두니까 저쪽에서 도저히 안 되겠다며 딸을 데리고 가더라고요. 아들이 실연당하고 얼마나 마음이 아플까 싶어서 저희가 아들 집으로 들어온 거예요. 어차피 대출금을 제가 감당하고 있으니까요. 그래서 마음 추스르라고 그냥 놔두고 있어요."

"아버님, 세상에 이혼하는 커플이 한둘이 아니잖아요. 지금 아드님은 전혀 돈을 벌 생각이 없는 거예요. 아버님이 다 책임질 것을 알기 때문이죠."

"그런 것 같아요. 운동에만 미쳐 있어요. 근데 대회에 나가서도 메달 하나를 못 따는 눈치더라고요. 그래서 제가 대회를 주최하는 지인에게 아들 좀 잘 봐달라고 부탁했더니, 당장 그 다음 대회에서 3등 트로피를 주더군요. 아들 기는 살려주었죠. 그러다 보면 아들이 정신 차릴 때가 있겠지 싶어서 기다립니다."

"아버님 나이가 지금 예순여덟입니다. 아직도 아드님의 뒤를 봐주어야 한다고 생각하세요? 어려서부터 지금껏 그렇게 아버님의 보살핌을 받고 살아왔는데, 아드님이 뭐가 답답해서 열심히 살겠어요. 아버님이다 해줄 텐데."

"저도 잘 모르겠네요. 똑같이 키웠는데, 큰아들은 뚝 떨어져나가 잘만 사는데 왜 작은아들은 저렇게 사는지 모르겠습니다."

"제발 이제는 아드님 뒤를 봐주지 마세요. 아드님이 스스로 벌어서 닭가슴살 값이라도 충당하도록 하세요. 3년째 아버님 상담이 매번 돈 때문에 힘들어하시는 거였잖아요. 제발 아버님 안 계실 때를 생각해서 아드님이 혼자 설 수 있도록 밀쳐내기 바랍니다."

사주가 주는 공감

가족관계 명칭을 어머니는 '정인', 아버지는 '편재'로 부릅니다. 뜻을 살펴보면 정인은 나를 생하는 존재, 편재는 내가 극하는 존재가 됩니다.

어머니는 나를 뱃속에 잉태하는 시점부터 나를 낳고 기르고 독립할 때까지 나를 도와주는 존재입니다. 아버지는 잉태에 관여는 했지만 어머니에 비하면 역할이 적습니다. 다만 어머니가 나를 낳고 기르는 데

필요한 수입을 담당하는 역할을 합니다.

물질적 명칭으로 '편재'는 큰 재물, 아끼지 않는 재물, 투기성 재물을 뜻합니다. 결국 아버지는 나를 위해 아끼지 않고 돈을 벌러 나가는 존재가 됩니다. 아버지와 어머니는 태생부터 존재의 의미가 다릅니다.

하지만 무조건적으로 부모가 준다고 해서 자식에게 좋기만 할까요? 부모의 희생을 고마워하기는커녕 더 주지 않는다고 화를 내기도 합니다. **아무리 '내리사랑'이라지만 때론 멈춤도 필요합니다.** 자식에게 스스로 설 기회를 빼앗기 때문입니다.

마누라와 자식들이 한통속이야

"오늘은 두 분이 같이 오셨네요?"

"내가 이혼하자고 하니까, 누가 옳은지 영감이 같이 가보자고 해서 왔어요."

"왜 이혼하고 싶으세요?"

"그동안 참아왔는데 이제 나도 혼자 살아보고 싶어서요."

"넘사스럽게 우리 나이가 낼 모레 일흔인데, 이혼은 무슨 이혼이랍니까?"

"나이가 뭔 상관있어요? 이제라도 당신과 하루라도 안 살 수 있다면 이혼이라는 것을 해야겠어요. 이 영감이 완전 독재예요. 지금까지 모든 것을 자기 맘대로 해왔어요. 툭 하면 고함지르고 욕하고 때리고 하니까 애들도 집에 자주 안 와요. 아빠 이야기라면 고개를 절레절레 흔들어요."

"내가 자식들 벌어먹이고 키운다고 얼마나 고생했는데, 수고했다고는 못할망정 이 자식들이 지들 엄마 부추겨서 이혼 소송이나 하고… 어느 세상에 이런 불효자식들이 있답니까?"

"아버님, 어머님을 때리기도 하시나요?"

"왜 안 하겠소! 어제도 나를 욕실에 가두고 지팡이로 두들겼는데. 이제 지긋지긋해요."

"니가 꼬박꼬박 말대꾸하니까 화가 나서 그랬지. 왜 대들어?"

"아버님, 그만하세요! 여기서 또 싸우시겠어요. 아무리 그래도 어머님을 때리는 것은 잘못된 일입니다."

"내 마누라 내가 때리는데 뭐가 잘못이오?"

"아버님! 어머님은 아버님 소유물이 아닙니다. 소중한 생명입니다. 말로 하지 왜 때리세요? 자식들도 때리셨겠죠?"

"당연하죠. 우리 자식들이 불쌍해요. 어려서부터 참 많이도 맞고 컸어요. 돈 벌어온다는 유세를 얼마나 하면서 살아왔게요. 생활비도 매일매일 타 쓰게 하고, 어디에 썼는지 검사 받으면서 살아왔어요. 그런데 영감이 지가 공부하고 싶은 곳에는 아끼지 않고 써왔어요. 뭐 하러 공부는 하는 겐지, 지금도 명리학 공부한다고 원광대학교 다니고 있어요."

"지들이 밖에 나가 돈 벌어보라지. 세상에 돈 벌기가 얼마나 어려운데, 벌어다준 돈으로 사니까 호강에 겨워서 작당들이나 하고 난리들이네."

"그래서 때려요? 내가 당신 스트레스 풀이용 동네북이요? 텔레비전에서 나오는 가정폭력이 우리 집이요. 이혼 소송하려고 준비를 다 했어요. 그런데 영감이 재산을 한 푼도 안 주겠다고 고집을 피워서 재산 분할 소송도 하려고 해요. 소송하면 절반을 받을 수 있다고 합디다."

"이 미친것들이 새끼랑 에미가 작당해서 이혼인가 뭔가 한다고 저 난리들이야! 집에서 밥이나 해주면서 살면 되지. 새끼들 왔다 갔다 하는 것 보면서 살면 되지. 다 늙어서 이런 창피스런 짓을 왜 하는지 모르겠네. 세상이 말세가 되니까 여자가 나서서 법원에 소송이나 시작하고!"

"아버님, 지금 원광대학교에서 명리학 공부하신다면서요?"

"이제 한 학기 시작했지. 지금은 개론 강의 듣고 있어. 내가 그동안 이것저것 쉼 없이 공부를 해왔지."

"공부를 그렇게 많이 하셨으면 세상이 변하는 것도 잘 아실 텐데, 아버님 공부는 지식만 늘리고 계시나 봅니다."

"밖에 나가면 사람들이 나를 존경하는데, 집에서는 가장 대접을 안 해주니⋯ 지들 엄마가 새끼들에게 가정교육을 잘못시켜서 위계질서가 없다니까."

"아버님, 지금 이렇게 살아가면 아버님 삶이 외로워질 것 같습니다. 자식들도 이미 등을 돌렸다니 마음을 조금 너그럽게 하시면 어떨까요? 저도 어려서 친정아버지가 가정폭력이 심했거든요. 그래서 저도 아버지 돌아가실 때까지 친정에 한 번도 안 갔어요. 장례식만 치르러 갔어요. 아직도 마음의 상처가 있습니다. 어머님과의 이혼을 권유합니다. 올해 아버님 운에 이별 운이 있으니 가능할 것 같습니다."

"나는 내가 왜 이혼을 해야 하는지 아직도 모르겠소. 이혼하면 누가 밥 해주고 빨래를 해주지?"

"아버님이 이제 스스로 하셔야죠."

"한 번도 안 해봤는데?"

"그럼, 아버님에게 어머님은 세탁기고 청소기고 밥솥이었네요?"

"그게 여자가 할 일이지. 돈 벌어다 주는데 그것도 안 해?"

"아버님 생각이 전혀 변함이 없으시니 저도 뭐라 상담해 드리기 어렵네요. 연세 많으신 두 분에게 제가 해드릴 말이 없습니다. 그저 올해 이별 운이 있다는 말밖에 못 드리겠네요. 어머님, 이제는 더 이상 맞지 말고 사시길 바랍니다. 집을 나오시든지 피하세요. 제발 한 번이라도 맞지 마세요. 그 어떤 구실이라도 사람이 사람을 때릴 이유는 안 됩니다. 맞을 이유도 없습니다. 오늘 이렇게 돌아가셔서 무슨 일이 있을지 걱정스럽습니다. 아버님, 제발 어머님 때리지 마시고 이혼해 주세요. 소송까지 가면 가족 간에 변호사비로 돈쓰고 정떨어지니까, 그나마 자식들이 오고갈 수 있도록 합의이혼 해주세요. 한평생 같이 살았잖아요. 이제 각자의 삶을 살아도 되지 않을까요?"

"그 길밖에 없겠소? 내가 앞으로 잘하면 될 것 아니오?"

"저는 이혼하길 권합니다. 따로 떨어져 지내시면서 데이트하듯이 사세요. 오고가며 지내세요. 언젠가 <디어 마이 프렌즈>라는 드라마에서 신구와 나문희 부부 역할이 기억나네요. 거주지를 따로 하시고 가족들 일에는 같이 만나면서 지내보세요. 새로운 친구가 생길 겁니다. 그리고 어머님 때리지 마세요."

주체성을 나타내는 십성은 비겁입니다. 나와 같은 오행들입니다. 비겁의 대표적인 심리는 적극적이고 진취적입니다. 자주적이고 독립적입니다.

비겁이 지나치면 고집쟁이가 될 가능성이 높습니다. 내가 하는 일은 모두 옳다고 판단합니다. 자신이 계획한 것을 밀고 나가는 힘이기도 하지만, 타협과 중재에 서투릅니다. 남자에게는 자신의 여자를 극하는 기운이니, 자칫 폭력적이 될 가능성이 높습니다.

사주의 십성은 사람들의 관계의 장을 펼쳐 보입니다. 십성 안에는 부모, 자식도 있고, 형제, 친구, 동료도 있고, 아내, 남편도 있습니다. **우리의 삶이란 관계 속에서 사는 것입니다. 십성 안의 관계들이 행복해야 나도 행복합니다. 십성에는 혼자가 없습니다.**

덕 보려고 들어온 인연

"남자가 전화를 안 받아요!"

"그냥 기다리시면 안 될까요? 왜 그렇게 조바심을 내요?"

"어젯밤 제가 다른 사람들이랑 술자리에 있었는데, 같은 일행이 그
남자에게 전화를 했더니 집사람이랑 있어서 못 간다 하더래요. 이 동
네에서 저랑 같이 살고 있는지 다 아는데, 집사람이랑 있어서 못 온다
하니 주변에서 모두 의아한 눈으로 저를 쳐다봤어요. 밤새 화가 나 미
치겠더라고요."

"집사람이 누군지 아십니까?"

"나랑 살기 전에 살던 여자 같아요. 작년에 우리 집에서 나가 그 여
자 집 근처에서 사는 눈치예요."

"2년 같이 살고 집 나간 지 1년이나 된 남자에게 왜 그렇게 신경 쓰
세요?"

"지금 그 남자가 타고 다니는 차를 제 명의로 사서 제가 할부금 넣고 있잖아요. 보험료도 모두 내가 내주고 있고, 내 카드 들고 다니면서 쓰잖아요. 집에 언제 들어올 거냐고 물으면 대답을 안 하고, 밖에서 그러고 다니니까 답답해서요."

"무슨 얽힌 것이 그렇게 많아요? 왜 뒷돈 대주며 기다리세요?"

"제게 얼마나 곰살맞게 잘 하는데요. 밉다가도 그런 남자 또 만나겠나 싶어 자꾸 생각나요."

"애초에 그 남자가 언니 덕 보려고 들어온 걸 아시잖아요?"

"내가 돈 좀 있겠다 싶어서 수작 부린 거 알아요. 사실 처음 만날 때는 내가 빚도 없이 그럭저럭 먹고살 만했지요. 그 남자 만나서 그 남자 밑에 돈이 계속 들어가다 보니까 지금 이렇게 돈 걱정만 하고 살게 되었네요."

"그 남자 밑에 계속 돈 밀어 넣으면서도 제게 매일 돈 빌릴 걱정만 하잖아요. 이해가 안 되네요. 더구나 같이 살지도 않으면서."

"언제쯤 다시 들어올까요?"

"언니에게 돈이 없다는 것을 아니까 안 들어오죠. 이제는 언니 덕 볼 일이 없잖아요. 왜 아직도 미련을 못 버리세요. 같이 사는 2년 동안에도 꾸준히 다른 여자들 만나는 것 때문에 맘고생 하셨잖아요."

"안 들어올까요? 무슨 방법이 없을까요?"

"언니! 지금 제 말이 전혀 귀에 들어오지 않으시죠?"

"듣고 있어요. 그런데 내 마음이 그런 걸 어떡해요."

"그 마음이 어떤데요?"

"지금도 내게 왔으면 좋겠어요."

"나이 60 먹을 때까지 동가식서가숙하며 이 여자 저 여자 집에 전전하면서 살아온 남자예요. 그 남자가 갖고 있는 거라곤 여자 비위 맞추는 기술 하나밖에 없어요. 푼돈이나 벌어 혼자 노름하고 술 마시면서 제 맘대로 살고 싶은 남자예요. 그런 남자를 그 마음 하나 때문에 이렇게 집착하시다니 도대체 이해가 안 돼요. 그 남자에게 제대로 말 한마디 못하고 쩔쩔 매는 이유를 모르겠어요. 매일 어디서 누군가에게 돈을 빌릴까 걱정하는 분이 아직도 그 남자 자동차 할부금이며 카드 값까지 대주고 있는 이유가 뭘까요?"

"그런 연결 고리라도 있어야 집에 들어오려나 싶어서 그러죠."

"세상에나! 언니 나이가 낼 모레 일흔이에요. 그깟 남자가 뭐라고 내려놓지 못하나요? 어느 정도 인생을 사셨으면 현명함이라는 것이 생기잖아요. 왜 이렇게 답답하게 잡고만 가려 하세요? 같이 살면서 여자 문제, 돈 문제로 힘들어하셨고, 집 나가니까 언제 들어올까 전전긍긍 기다리고, 여전히 여자 문제로 애태우는 모습이 답답해요. 지금 모습은 그 남자의 업식이잖아요. 이 여자 저 여자 만나고 다니는 것이 그 남자의 업이잖아요. 그것을 못하게 하니까 나간 거고요. 60년을 그렇게 살아온 남자를 왜 언니 입맛에 맞추지 못해서 안달하세요. 언니만 바라보지 않는다고, 다른 여자 만난다고 안달복달 하셔도 그 남자는 여전히 여러 여자들 만나고 다니잖아요. 그럼, 그런가 보다 하세요. 그런다고 언니랑 연락 끊지도 않잖아요. 자기가 필요하면 언제든지 연락하잖아요. 언니도 역시 많은 여자들 중 하나로 걸쳐놓고 덕 보고 있잖아요. 덕 보려고 들어온 인연입니다. 제발 좀 내려놓기를 권합니다. 얼마나 더 경제적으로 내려가야 내려놓을까요."

"그래도 집에 들어왔으면 좋겠어요. 기도 좀 해주세요."

"헐!! 내가 이제 언니에게 상담해 주기 싫네요."

사주가 주는 공감

열 가지 하늘의 기운을 주~욱 써 놓습니다. 갑, 을, 병, 정, 무, 기, 경, 신, 임, 계. 각 글자는 여섯 번째 글자와 합을 합니다. 서로 끌리는 것입니다. 일곱 번째 글자와는 충을 합니다. 서로 싫어하는 것입니다.

갑목 입장에서 여섯 번째 있는 기토와 합을 하지만, 일곱 번째에 있는 경금은 두려워합니다. 사람들은 합을 좋아하고 충은 싫어합니다. 합을 하는 글자 다음이 충을 하는 글자입니다. 좋아하는 일 바로 다음에 싫어하는 일이 있습니다. 만남 뒤에 헤어짐이 있습니다. 세상의 이치가 그렇습니다. 갑목은 합을 하는 기토만 좋아할 수 없습니다. 경금이 대기하고 있기 때문입니다. 만났으면 보낼 줄도 알아야 합니다.

갑목에게는 을목이라는 친구도 있고 병화, 정화라는 아랫사람도 있습니다. 임수, 계수라는 인생의 선배들도 있습니다. **세상에는 여러 사람이 주변에 있습니다. 마음이 가는 그 관계만 꼭 최선일 수 없습니다.**

제게 왜 이런 일이 생겼을까요?

"여보세요!"

"흑흑흑… 선생님! 제가 암이래요!"

"무슨 말이에요? 울지 말고 똑바로 말해 봐요."

"여기 세계로 병원 앞이에요. 방금 조직검사 결과 나왔는데 유방암 이래요. 항암치료와 유방절제수술 받아야 한대요. 제일 먼저 선생님이 생각나서 전화했어요. 아직 가족들에게 알리지 않았어요. 친정엄마에 게 뭐라고 말해야 할지 모르겠어요."

"진정하고 사무실로 택시 타고 와요. 거기서 10분 정도 걸리겠네요."

"선생님, 제게 왜 이런 일이 생겼을까요? 남편 바람난 것도 억울하 고 힘든데, 암이라니요!"

"그동안 받은 스트레스 때문일 수 있어요. 지난 3년 동안 얼마나 힘들어했어요. 남편의 바람을 알고 나서부터 계속 남편 뒷조사하러 다니고, 별거하면서 여자와 사는 곳을 찾아다니느라 거의 제 정신이 아니었잖아요."

"그러니까요. 지금도 남편은 그 여자와 잘 지내고 있는데, 저한테 왜 이런 병이 왔냐고요!"

"같은 스트레스를 계속 받으면 세포들이 힘들어서 암으로 발병한대요. 3년이나 남편 때문에 애를 태웠으니, 어느 세포가 편안했겠어요? 이미 바람나서 다른 여자와 살겠다고 나간 남편이니 마음에서 내려놓으라니까, 그렇게 애를 태우더니 결국 병으로 나타났나 봐요."

"선생님도 아시잖아요. 저도 그 인간 좋아해요. 아들 아빠잖아요. 그리고 아직은 남편의 생활비가 있어야 아들 교육을 시키잖아요. 제가 혼자 벌어서 공부시키기에는 교육비가 너무 많이 들어요."

"남편이 집 나가 있어도 생활비는 계속 보내왔잖아요."

"혹시 다른 여자랑 살면서 돈 보내주는 것이 끊길까 봐 그러죠."

"보내올 거예요. 걱정 말고 마음부터 다잡고 항암치료 시작하세요."

"제가 남편이 집을 나간 후부터 미친년처럼 밤마다 광안리 바닷가를 돌아다녔어요. 가슴이 터져버릴 것 같아서요. 그렇게 잠 안 자고 돌아다녀서 병이 왔을까요?"

"그렇죠. 몸과 마음이 편하게 쉴 수가 없으니 힘들다고 반란을 일으킨 거죠."

"저 죽으면 어떡하죠? 아들이 이제 5학년인데 어떡하죠?"

"무슨 쓸데없는 소리를! 걱정 말고 차근차근 치료 받아요."

"암은 재발하면 죽는다는데, 아직 제가 마흔도 안 됐는데 제가 죽을 운이 있나요?"

"죽으려면 멀었어요. 요즘 유방암은 치료하면 돼요. 예후가 좋은 암이 유방암이에요. 나도 그렇고 여기 암환자들이 많이 오는데, 다 잘 지내고 있어요. 걱정 말아요."

"남편이 제가 암에 걸렸다 하면 돌아올까요?"

"아니, 그렇진 않을 거예요. 그런 기대 말고 정신 똑바로 차리고 치료 받아요. 아직 엄마 노릇도 해야 하고, 나아서 남편 보란 듯이 멋진 연애도 하셔야죠."

"저에게도 남자가 있을까요?"

"그럼요. 인연이 남편만 있는 것은 아니니까요. 멋지게 데이트하려면 어서 건강을 회복해야 해요. 이제 남편 때문에 속 끓이지 말고 제발 자신의 건강부터 챙기세요. "

"알겠습니다. 수술 날 잡고 다시 오겠습니다."

사주가 주는 공감

좋은 사주팔자라는 게 드뭅니다. 사주팔자에 오행이 고루 갖춘 경우보다는 어느 오행이 없거나 넘치는 경우가 더 많습니다. 혹여 오행이 고루 갖춰졌다 해도 충, 형, 해, 파 등으로 깨지고 찢어진 경우도 있습니다. 거기에 역마살, 도화살, 백호대살, 원진살 등 각종 살들로 또 찌그러집니다.

세상에는 부와 권력을 가진 사람들이 있습니다. 그러나 그들에게도 똑같이 질병과 죽음은 옵니다. 이건희도 스티브 잡스도, 질병과 죽음 앞에서는 속수무책입니다. 누구나 사주팔자 안에서 살아갈 뿐입니다.

몸은 정직합니다. 마음과 따로 있는 것이 아닙니다. 마음이 아파하면 몸도 아픕니다. 몸이 아프면 마음도 아픕니다. 사주팔자는 타고난 명이면서 몸이고 마음입니다. 욕망의 근원입니다.

어떤 상황이 오더라도 자기 마음을 사랑해 주어야 합니다. 자신의 마음 사랑은 몸을 사랑하는 겁니다. 몸에 대한 사랑은 나의 운명에 대한 사랑입니다. **내 운명은 내가 바꾸는 겁니다. 자신을 먼저 사랑하면 몸을 구원하게 되고, 결국은 내 운명을 구원하게 됩니다. 어떤 경우라도 나 자신부터 사랑해야 합니다.**

오빠가 바람을 피워요

"제가 올해 오빠랑 헤어질 운이 있나요?"

"왜 묻나요?"

"예전에는 하루에 두세 번씩 전화를 했었는데, 두 달 전부터 전화하는 횟수가 줄었어요. 그러다가 우연히 오빠의 휴대폰 패턴을 풀었는데, 매일 다른 여자랑 통화한 기록이 있더라고요. 그래서 여기저기 뒤져봤더니 통화한 내용이 모두 녹음되어 있는 거예요. 같이 배드민턴 치는 여자와 하루에 서너 번씩 전화통화를 주고받았더라고요. '사랑한다', '모텔 가자', '너는 내 것'… 이런 내용들이 들어 있었어요. 모두 제 폰에 다운받아놨어요. 아직 오빠는 내가 알고 있는 줄 몰라요."

"어떤 여자던가요?"

"같이 배드민턴 치는 복식조 여자인데, 유부녀예요. 오빠가 정말 그 여자를 사랑하는 걸까요?"

"두 분은 몇 년 만나셨나요? 아직은 오빠랑 헤어질 운이 아닌데, 증거까지 가지고 있으니… 어쩌고 싶으세요?"

"9년째예요. 모르겠어요. 저는 오빠랑 헤어진다는 생각은 해본 적이 없어요. 스무 살부터 만나왔거든요. 오빠가 제 첫사랑이고, 오빠 외에 다른 남자는 만나본 적도 없어요."

"오빠랑 결혼할 예정인가요?"

"네, 결혼 약속한 사이에요. 저는 지금 너무 비참해요. 저랑 결혼할 거라고 약속을 해놓고 어떻게 다른 여자를 만날 수 있나요? 그것도 가정 있는 여자를…. 그 두 사람은 계속 갈까요? 저랑 헤어지면 그 여자랑 살까요?"

"사주로는 지나가는 바람인 것 같네요. 또 상대가 유부녀라니 더더욱 끊어질 거예요. 가정이 있는 여자라면 쉽게 가정을 버리고 다른 남자와 살 수는 없어요. 시작이 있으니 끝이 있죠. 오빠의 그 여자에 대한 감정은 사랑이라기보다는 호기심이고, 곧 지나가요. 운이 끝나가고 있어요."

"제가 어떻게 해야 할지 모르겠어요. 제가 몰래 통화 내용 녹음한 걸 알면 야단날 것 같은데… 아직은 오빠랑 헤어지기 싫거든요. 오빠가 다른 여자랑 바람피웠다는 걸 알게 되면서부터 자꾸 오빠랑 섹스가 하고 싶어져요. 미치겠어요."

"이해해요. 내 남자라고 생각했는데 다른 여자가 끼어들면, 여자들의 반응 중에 섹스 문제도 있더군요. 심지어 60이 넘으신 어머님께서도 남편 바람을 알고 나서 섹스 문제로 힘들어하시는 경우를 봤어요. 그래서 남녀 문제는 부처님도 돌아앉는다고 했나 봐요. 오빠에게 다른 여자가 생겼다는 걸 알면서부터 몸이 질투를 하는 거예요."

"제가 미친년 같다고 생각했는데, 저만 그런 게 아니군요. 오빠에게 어떻게 알려서 그 여자랑 헤어지게 할까요?"

"통화 내용 녹음한 것은 일단 숨겨두시고, 오빠에게 평소보다 잘해 주세요. 그러면서 기회를 봐서 이야기를 나눠보세요. 절대로 녹음파일 은 알리지 마시고요. 오빠가 그 여자를 나보다 더 사랑하니 안 하니 그 런 생각하지 마시고, 자신만의 방법으로 오빠에게 다시 어필하세요. 분명히 오빠가 그동안 본인을 만나온 매력적인 이유가 있을 거예요. 매력도 없는데 9년이나 만나고 결혼 약속까지 했겠어요? **모든 상황에 서 제일 먼저 고려할 대상은 본인입니다.** 내가 오빠를 좋아하는가, 이 사랑을 지키고 싶은가를 스스로에게 물어보세요. 오빠의 생각이 아니 라 **내 생각으로 행동 기준을 정하세요. 좋아한다면 당당히 행동하세 요.** 자신의 사랑을 지키기 위한 행동을 생각하셔야 해요. 이럴 때 마음 이 흔들리면서 피폐해지기 쉬워요. 내가 매력이 없어서도 아니고, 오 빠의 사랑이 식어서도 아니에요. 어느 커플에게나 일어날 수 있는 우 연한 사건이라고 생각하길 바랍니다."

"여자로서 자신이 없어졌어요."

"명리학에서 조언은, 아직 헤어질 운이 아니니 좀 더 지켜보면서 사 태 파악을 해보라는 거예요. 본인도 지금 오빠랑 헤어지고 싶지 않으니, 오빠를 몰아세우기보다 스스로 돌아오도록 유도하면 좋겠어요. 지금 충분히 예쁘고 매력적이니까 자신감을 갖으세요."

"너무 힘들어요. 복수해 주고 싶어요. 그 여자 남편을 찾아가 녹음 내용 들려주고 싶고, 배드민턴장에 가서 알리고 싶어요. 그래야 빨리 떨어질 것 아니에요. 오빠가 잘못했다고 빌면 좋겠어요."

"안 돼요. 절대로 그런 짓 하지 마세요. 두 분이 만난 지가 9년이 넘어서니 한쪽이 잠깐 한눈을 팔 수도 있어요. 지금은 오빠가 바람을 피웠지만, 인연에 따라 본인 마음이 때로는 다른 남자에게 갈 수도 있잖아요."

"지금 같으면 그럴 수 있을 것 같아요."

"중요한 것은 아직 오빠에 대한 마음이 강하고, 남자분도 잠깐의 흔들림일 것 같으니, 원만히 해결하려면 여자 쪽이 현명하게 대처해야 해요. 그럼에도 불구하고 오빠가 계속 그 여자를 만난다면, 그때는 다른 쪽으로 생각해 보세요. 결혼했다면 이별보다 먼저 가정을 지키고자 하는 마음이 앞서지만, 아직 결혼 전이니 일단 기다려보시고 판단하세요. 두 분은 아직 이별 운은 아닌 것 같아요."

"차라리 이별할 수 있다고 말씀해 주셨으면 깨끗이 포기할 텐데, 아직 인연이 남아 있다니 더 괴롭네요. 제 마음이 더 중요하다고 하신 말씀 기억해 둘게요. 자꾸 오빠의 사랑을 바라는 마음이 드니까 초조해지고 생각이 좁아지고 있었네요. 우리의 미래나 감정보다 다른 여자에게 관심이 가고 있었어요. 이 사건에서 내가 없어지고 있었어요. 제 마음의 중심을 잡아주어 감사합니다."

"네, 충분히 이해되는 마음이에요."

사주가 주는 공감

    사주를 살펴보면 완벽한 사주가 드뭅니다. 네 개의 기둥 안에 여덟 글자로 다섯 가지 기운을 배치하려니 완벽한 사주 구조가 나올 수 없습니다. 사주는 태생이 불완전합니다.

    불완전한 자신의 사주를 알고 나면 부족한 부분을 채우고 싶어집니다. 운명을 바꾸고 싶은 욕망이 시작됩니다. 운명을 바꾸는 가장 좋은 방법은, 타인을 자신의 삶 속에 끌어들이는 것입니다. 사주와 사주의 만남입니다. 타인의 사주가 들어오면 자기 사주의 한계가 무너집니다.

    사주궁합은 사주끼리 만남이니, 불완전한 기운끼리의 만남입니다. 사주와 사주의 만남 중 가장 강력한 만남은 남녀의 만남입니다. 사주 궁합의 탄생입니다.

    사주궁합의 주체는 내 사주입니다. 내 사주에서 상대방의 사주와 성향을 맞추고, 음양을 맞추고, 오행을 분석합니다. **기본은 내 사주를 정확히 살펴보며 나를 이해하는 겁니다. 모든 것은 나로부터 시작되는 것이니까요.**

4장

◇◇◇◇◇

운이 그대를 속일지라도

장사가 너무 안 돼요

"장사가 너무 안 돼요. 작년 10월부터 정말 죽을 것 같습니다. 올해 운은 어떤가요?"

"작년은 제가 많이 힘들 것 같다고 말씀드렸었죠. 올해도 7월말까지는 어렵겠네요."

"지금이 3월인데, 어떻게 7월까지 살 수 있을까요?"

"버티기 하셔야죠."

"지금도 죽을 것 같은데 어떻게 버텨요?"

"무엇이 제일 힘이 드세요?"

"돈이죠 뭐. 장사가 안 되니 돈이 안 돌아요."

"그러게요. 다들 힘들어하시니 걱정입니다. 오늘 제가 부산대 주변 상가를 돌아다녀 봤는데, 임대 붙어 있는 곳이 한 집 건너 하나씩이더 군요. 나라 전체가 힘든 것 같아요. 저도 여러 곳에서 힘들다는 상담을 매일 합니다. 커피숍도, 가구점도, 식당도, 미용실도, 옷가게도 모두 힘들어하세요. 남편은 어떻게 지내요?"

"놀죠 뭐. 전혀 도움이 안 돼요."

"시대가 그래서인지 주변에 남편은 놀고 여자들이 가정경제를 책임지는 경우가 많더군요."

"제 주변에도 많아서 그런가 보다 그래요. 남자들이 할 일이 없어요."

"지출관리는 어떻게 하세요?"

"그게… 장사는 안 되는데 나갈 돈은 더 많아지는 것 같아요."

"아마 본인에게 맞는 수입 그릇은 10인데, 현재 수입은 8밖에 안 되고, 지출은 12가 넘는 살림을 살고 계실 것 같네요. 마이너스가 계속 4씩 늘어가는 과정을 겪고 계실 겁니다."

"맞아요, 끝이 안 보이네요. 이제 빌릴 데도 없고, 막다른 골목에 서 있는 느낌입니다."

"가족들 건강은 어때요? 별일 없죠?"

"네, 다행히 집안에 환자는 없어요."

"중산층 가정이 몰락하는 가장 큰 원인이 집안에 환자가 있을 때라 합니다. 수입도 적은데 환자 병원비까지 들면 바로 삶의 질이 떨어지잖아요. 가족들은 잘 지내시죠?"

"각자 자기 할 일 하면서 살고 있죠."

"자, 그럼 현재의 고민은 딱 돈이네요."

"그렇죠. 돈이 목줄을 죄고 있어요."

"장사가 잘되고 안 되고는 운의 영향과 나라 경제의 영향이 가장 큽니다. 노력만으로 안 되는 것이 장사더군요. 지금은 어떻게 해서든 지출구멍을 막으셔야 해요. 수입이 늘어날 것을 예상해서 지출 계획을 짜면 절대로 안 됩니다. 그리고 재물 운은 막혀 있지만 다른 운들이 쉬고 있는 것은 아닙니다. 건강 운, 인간관계 운, 부부 운, 자식 운은 열심히 일을 하고 있습니다. 그렇죠?"

"그러네요."

"솔직히 지금 재물 운이 활짝 펴질 거라는 말은 못하겠네요. 버티라는 말밖에 못 드립니다."

"너무 힘들어서 좋은 말이라도 들을까 싶어 상담했는데 안 들은 것만 못하네요. 여전히 힘들다니 기운이 빠지네요."

"힘나는 말을 못해 드려서 죄송하네요. 하지만 어쩔 수 없어요. 단기간에 풀릴 것이라 예상하지 말고, 아껴 쓰면서 마음 단단히 먹고 버티셔야 합니다. 그나마 다른 것들이 잘 버텨주고 있는 것에 감사해야 해요. 있는 것은 너무 당연히 생각하고 없는 것만 바라보면 정말 힘들지만, 있는 것에 감사하면서 지내다 보면 없는 쪽도 채워질 거예요."

"알겠어요. 아직 안 풀린다니 마음이나 단단히 먹어야겠어요."

사주가 주는 위로

운(運)이라는 글자는 동사입니다. 뜻은 '돌다', '회전하다', '구르다'입니다. 즉, **운은 끊임없이 변화합니다.**

살아 있는 모든 것은 생겨나면 변화하고 소멸합니다. 우리의 삶도 변화를 당연하게 받아들여야 합니다. 변화 속에는 꽃바람도 있고, 비바람도 있고, 눈보라도 있습니다.

사람들이 원한다고 매번 훈풍만 불지는 않습니다. 자연은 절대로 따뜻한 봄바람만 불게 하지 않습니다. 삶은 비바람이 불어오거나 눈보라가 몰아칠 때도 받아들여야 합니다.

변화에 맞서면 더욱 힘들 뿐입니다. 변화를 따르는 것이 순리입니다. 비바람이 불 때는 잠시 처마 밑으로 피해야 하고, 눈보라 칠 때는 앞으로 나아가는 것을 멈추고 기다려야 합니다. **기다림이 때로는 운을 바꾸는 방법이기도 합니다.**

어떤 선택을 해야 할까요?

"엄마, 빨리 와. 아빠가 지금 온다고 했단 말이야."

"엄마, 언제 와. 곧 아빠 올 텐데."

"엄마, 어디야? 다 왔어?"

상담중인데 전화가 계속 울립니다. 여자는 무척 당황합니다. 빨리 집에 가야 한다면서도 상담을 끝내지 못합니다. 아이들 아빠가 평소에 폭력을 쓰는데, 자신이 없을 때 애들에게 무슨 일이 있을까 봐 걱정입니다. 아이들도 불안해서 엄마가 빨리 들어오기를 재촉하는 전화였습니다.

"남편의 폭력 때문에 제가 이혼을 해야 할까요? 그래도 애들을 위해서 아빠 엄마가 다 있는 것이 나을지… 참고 사는 것이 나을까요?"

"맞으면서 남편과 왜 사세요?"

"혼자서 애들 키울 자신이 없어서요. 저 혼자 벌어서 어떻게 두 아이를 키워요?"

"이렇게 아이들을 정서적·육체적으로 불안하게 키우는 것이 잘하는 걸까요?"

"아니라고 생각은 하지만… 우선 집이 있고 남편이 벌어오는 돈이 있잖아요. 저는 어떤 선택이 맞는지 모르겠어요."

"엄마로서 무책임하시네요. 아이들은 경제적 어려움보다 육체적·정신적 학대가 더 힘들 거예요. 혹시 tvN의 <라이브>라는 드라마 아세요? 드라마를 보면 경민이 집이 나와요. 아빠의 가정폭력에 두 아이가 힘들어하죠. 심지어 자매가 성폭력을 당한 날에도 그 집 엄마는 두 딸을 보호하지 않고 가정폭력이 행해지는 집으로 아이들을 데리고 가요. 그리고 다시 아빠의 폭력 앞에 노출되죠. 성폭력을 당한 아이들에게 다시 가정폭력이 가해지는 상황에 제 가슴이 터질 것 같더군요. 그러다가 그 집 엄마가 남편의 머리를 그릇으로 치는데, 오히려 그 장면에서 제 가슴이 조금 뚫리는 것 같았어요. 저도 어릴 적에 가정폭력이 심한 가정에서 자랐어요. 초등학교 4학년 때, 제가 울 어머니에게 집을 나가라고 했어요. 더 이상 맞고 살지 말고 나가라고. 동생들은 내가 키울 테니 나가라고 했어요. 어렸지만, 밤마다 아버지가 어머니 때리는 걸 제가 참을 수 없었어요. 뛰쳐나가 아버지를 죽이고 싶었어요. 그때 제 일기에는 아버지를 죽이고 동네방네 춤추며 돌아다니겠다고 적혀 있어요. 제가 미쳐 가고 있었나 봐요. 드라마에서 그 집 엄마가 성폭행 당하고 온 딸을 아무것도 모르고 때리는 남편의 머리를 쳤을 때, 그

때 제가 무슨 생각을 한 줄 아세요? '왜 나는 아버지에게 저렇게 하지 못했지?' 그리고 생각해 보니 제가 초등학생, 중학생 때더라고요. 지금 생각하면 정말 어린 나이인데 그런 끔찍한 생각을 했어요. 아마 조금 더 클 때까지 집에서 살았더라면 제가 무슨 짓을 했을지 모르겠어요. 어린 마음에도 어머니가 집을 나가면 때리는 모습을 덜 볼 거라고 생각한 거죠. 그런데 등 떠밀려 집 나간 지 한 달 만에 어머니는 자식들이 걱정되어 다시 돌아왔어요. 저는 돌아온 어머니가 하나도 고맙지 않았어요. 오히려 집으로 돌아온 어머니가 미웠어요. 똑같은 상황이 반복되었고, 어머니가 가출했다가 돌아온 후로 아버지의 폭력은 더 심해졌거든요. 때리는 아버지도 죽이고 싶었지만, 맞고 사는 어머니도 미웠어요. 물론 어머니가 아버지로부터의 폭력을 언제나 우리 대신 자신의 몸으로 막아주셨지만, 그런 어머니가 불쌍해서 더 싫었죠. 드라마에서 배종옥이 경찰로 나오는데, 이런 말을 해요. 엄마는 마땅히 벌을 받아야 한다고, 아이들을 폭력으로부터 보호하지 않은 무능력한 엄마는 벌을 받아야 한다고. 자식을 보호하는 일인데 뭘들 못해요? 지금 엄마 자신이 맞고 사는 것도 힘들고, 어린 아이들이 저렇게 벌벌 떨면서 힘들어하는데, 엄마는 아직도 무슨 선택이 필요할까요? 당장 아이들과 그 집을 나오는 것이 맞을 것 같아요."

"나오면 어디서 무얼 먹고 살아요?"

"우선은 힘들겠지만 여러 곳에 도움의 손길이 많아요. 모자 가정을 지원하는 쉼터나 살 곳을 제공하는 곳도 있어요. 저에게 이혼을 상담하고 있지만, 제가 보기에 어느 정도 가정폭력에 익숙해져 계셔요. 그냥 하소연이지, 정말 어떤 답을 내기 위한 상담은 아닌 것 같네요."

"그런지도 몰라요. 이혼하고 세상 밖에 나가 혼자서 아이들을 키워내는 것이 남편에게 맞고 살지만 집도 있고 돈도 있는 지금보다 나을지 모르겠어요. 시간이 지나면 아이들도 크고 좀 나아지지 않을까요?"

"생은 본인이 선택하는 거예요. 제 어릴 적 경험과 드라마 이야기까지 해드렸지만, 정작 선택은 본인이 하는 거죠. 다만 엄마의 무능력한 선택 때문에 아이들이 계속 가정폭력에 노출되는 거라면, 저는 조금 걱정스럽네요."

사주가 주는 위로

사주에서 나를 극하는 오행이 많은 것을 '관성이 많다'고 합니다. 관성이 많은 사주는 법 없이도 살 수 있을 정도로 착한 사람이기도 합니다. 스스로를 억제하는 능력이 강하기 때문입니다. 그러나 겁이 많고, 자존감이 약하며, 상대의 요구에 잘 거절하지 못하는 경우가 많습니다.

여자에게 관성이란 남자를 뜻합니다. 남자로 인한 스트레스 받을 일이 많습니다. 여자는 자식을 낳고 기르면서 여자의 삶보다 엄마의 삶이 더 중요해집니다.

여자 사주에서 관성을 이기는 오행이 자식의 기운입니다. 여자가 남자로 인한 고통이 많다면 더더욱 자신의 자식을 온전히 길러내야 합니다. **자식의 힘이 길러질 동안 엄마는 자식을 지켜주어야 할 의무가 있습니다.**

다른 방법으로는, 스스로의 기운을 기르거나 남편의 폭력을 피해 친정이나 친구들의 도움을 받아야 합니다. **남자 없이도 잘살 수 있도록 자신을 소중히 여기는 마음을 먼저 가지는 것이 중요합니다.**

유부남 애인에게 이별을 통보했어요

"남자를 같이 보려고 합니다. 53세 남자가 작년부터 저에게 정말 잘해 줍니다. 계속 저에게 도움도 주면서 같이 갈 수 있을까요?"

48세 여자의 상담입니다.

"우선 본인의 사주부터 살펴볼게요. 사주팔자에는 남편 그릇도 있고 부부 그릇도 있네요. 남편 그릇이 있다는 것은 배우자상을 말합니다. 부부 그릇은 부부의 생활하는 모습을 나타내죠. A씨 사주팔자의 남편 그릇은 조금 위태로운 모습이네요. 깨어져 있는 상황입니다. 제대로 된 남편의 모습이 아니에요. 결혼을 하고 자식을 낳고 나면 깨어질 여지가 많다는 것을 암시하죠. 부부 그릇을 안방이라고 합니다. 안방에는 남녀가 같이 있어야 자연스러운 모습인데 A씨의 안방에는 남편은 없고 혼자 앉아 있는 모양이네요. 외로운 모습입니다. 이런 상황이면 결혼을 늦게 하던가, 결혼을 하더라도 이혼, 별거, 각방 사용, 기러기, 주말부부일 확률이 높아지더군요. 30세 이후에 이혼을 암시하고 있었는데, 부부생활은 어때요?"

"제가 30에 이혼한다고 나와 있어요? 그 즈음에 이혼했어요."

"아휴, 젊은 나이에 혼자가 되어 고생이 많았겠어요. 그런데 앞으로도 재혼이나 동거는 권하고 싶지 않습니다. 아직도 부부의 그릇이 안정을 찾지 못하고 있는 듯 보이네요. 다만 사주에 남자 그릇은 깨어진 모습이지만 만날 수 있는 남자 인연은 많다고 봅니다. 밖에서 만나는 인연으로 가기를 권합니다."

"저는 평생 이렇게 혼자 살아야 할 팔자인가요?"

"아니요, 58세 이후에 안정을 찾을 것 같아요. 그전에는 만나고 헤어짐을 반복할 것 같아요. 53세 남자의 사주에게 필요한 기운을 A씨의 사주에서 많이 가지고 있는 궁합이네요. 그러다 보니 곁에 있으면 좋은 겁니다."

"무척 잘해 줘요. 처음에는 마음이 없었는데, 잘해 주니까 자꾸 마음이 가게 되더라고요. 그런데 실은 제가 8년째 사귀고 있는 분이 있습니다. 이 사람 때문에 그분에게 그만 만나자고 했어요."

"두 사람의 사주를 대입해 보면 60세 남자와는 부부처럼 지내셨네요."

여자가 갑자기 눈물을 쏟았습니다.

"네… 흑흑흑… 제가요, 흑흑흑… 헤어지자고 했어도 마음이 아파요. 흑흑흑…."

"어휴, 이리도 마음이 아픈데 어떻게 이별을 말했을까. 하지만 60세

남자는 이혼하고 A씨 곁으로 올 사람은 아니에요. A씨에게 마음은 줄
수 있겠지만, 자신의 가정은 철저하게 지킬 겁니다."

"네, 저도 알아요. 주위에서 부인에게 잘한다고 소문이 나 있어요. 그
래서 좋아하는 마음은 있지만, 제가 어려운데 경제적 도움도 별로 없
고… 저도 제 인생을 살아야 할 것 같아서 헤어지자고 했어요."

"아마 앞으로도 60세 남자는 계속 기다리실 것 같습니다. 그리고 53
세 남자와는 인연이 얼마나 갈지 두고 봐야 할 것 같네요. 53세 남자의
부부 인연도 약하거든요."

"맞아요, 기다린다고 했어요. 언제든지 힘들면 돌아오라고 하더군
요. 그러나 53세 남자가 지금 제게 경제적으로 도움도 많이 주고 잘해
주니까 마음이 그쪽으로 가네요."

사주가 주는 위로

한바탕 눈물을 쏟고 갔습니다. 손님이 가고도 한동안 사주팔자를 들
여다보면서 머릿속에 생각이 많았습니다. 여자의 삶이나 남자관계가
혼란스러운 것이 아니라, 여자의 사주가 내게 생각을 하게 했습니다.

여자의 사주팔자는 4개의 기둥이 모두 깨어진 사주입니다. 그러나
그 깨어짐이 어떤 에너지를 만들 수 있는 여지가 많았습니다. 삶은 버
라이어티 하겠지만, 그 에너지를 잘 활용하면 크게 뭔가를 이룰 수 있
을 것 같습니다.

실제로 성공한 사람 중에 사주 구조가 비슷한 분이 있습니다. 평범한 남녀관계에 매이지 말고 삶을 바라보는 시야를 조금만 크게 가져도 괜찮은 사주 구조이고, 노력한다면 뭔가를 이룰 수 있는 사주인데, 눈앞의 삶에서 벗어나지 못하며 살아가고 있는 모습이 안타까웠습니다.

어차피 고통을 겪는 삶이라면 그 에너지를 좀 더 큰뜻을 이루기 위해 노력하면 좋았을 텐데, 안타까웠습니다. 스스로의 삶을 주체적으로 살아가기 위해 사용한다면, 남자들에게 기대어가는 어려운 생활이 아니라 세상 어딘가에 이름 석 자를 남길 수 있는 에너지를 갖고 있는 사주였습니다.

사주에 에너지가 많아도 사주의 주인이 꿈을 갖지 않고 일어서려 하지 않으면 아무 소용이 없습니다. 사람의 머릿속 크기와 생각이 타고난 사주보다 삶을 결정짓는다는 것을 확인해 보는 상담이었습니다. **머릿속에 그리지 않은 것은 이루어지지 않는 것 같습니다.**

아직 40대입니다

"개인회생 신청을 했는데 잘 안 풀리고 있습니다. 개인회생 신청이 쉽게 결론이 나지 않아서 답답합니다. 또 회사에서는 나보다 어리고 특별히 일을 잘하는 것도 아닌 사람들이 사무실로 들어가고 반장으로 올라가는 꼴을 보려니, 당장이라도 회사를 그만두고 싶습니다. 일은 제가 다 책임지고 하는 것 같은데, 막상 진급은 다른 사람들이 올라갑니다. 또 아들이 학교생활을 제대로 안 합니다. 우리 형편에 겨우겨우 뒷받침 해주고 있는데, 아들은 무슨 생각인지 허송세월을 보내고 있는 것 같습니다. 또 제가 번다고 하지만 직장생활해서 받은 돈들은 이자 내기도 빠듯하고, 아내가 장사해서 번다고 하지만 매달 매일 허덕이고 있습니다. 삶이 정말 버겁고 힘이 듭니다. 언제까지 이렇게 살아야 하나 앞이 안 보입니다. 제가 왜 이럴까요? 제 마음에 바람이 든 것일까요? 힘들고 지칩니다."

"어휴! 듣는 것만으로도 힘이 드는데, 그 상황이라면 누구라도 지치겠어요."

"제 마음이 이상합니다. 제가 어떡해야 합니까? 마음에 이상한 바람이 든 것일까요?"

"아니요. 이상한 바람이 든 것이 아니라, 누구라도 그 상황이면 힘들다고 생각할 겁니다. 남자들이 나이 들면서 자존심 상하는 일 중의 하나가 나보다 어리거나 아랫사람들이 진급해서 내 위로 올라갈 때더군요. 제 친구들 중에서도 후배가 자신의 직속상사인 계장으로, 과장으로 발령받을 때 그만둘 생각을 가장 많이 하더군요. 오랫동안 한 직장에서 일하셨는데, 후배들이 사무실로 불려 들어가고 반장으로 진급하는 모습을 보면 누구라도 화나고 직장에 대한 회의감이 들 것 같아요. 또 부부가 둘이서 열심히 사는데도 생활이 나아지지 않으면 당연히 힘들어하는 것이 사람 마음이겠죠."

"그러니까 제가 살아갈 힘이 없습니다. 가진 것이 없는 삶인 것 같다니까요. 앞으로 어떻게 살아야 할까요?"

"네, 이해가 됩니다. 저도 지하도 길바닥에서 그런 생활을 해봤으니까요. 저도 그때는 제가 할 수 있는 일이 없는 것 같았지요. 그러나 저는 그때 모든 것을 받아들이고 그냥 마음을 내려놓았습니다. 앞으로 어떡하겠다는 생각과 잘살아야겠다는 마음보다, 그냥 밥을 먹을 수 있으면 밥을 먹고 술을 마실 수 있으면 술을 마시고 책을 볼 수 있으면 책을 읽으며 단순하게 살아봤습니다. 『길을 묻는 인생에게』라는 제 책 읽어보셨죠?"

"당연히 읽어봤죠. 대단하시다는 생각을 했습니다."

"그런데 가만히 생각해 보면 본인은 아직 40대입니다. 많은 연령대들을 상담하면서 나이 앞에 4자가 붙었다는 것은 다양한 가능성이 열려 있다는 뜻이라고 생각했습니다. 뭔가를 이루는데 10년 법칙이 있다고 하는데, 40대에 시작해도 10년 후면 50대일 뿐이고, 20년 후에도 60대일 뿐입니다. 요즘 60대를 청년으로 치는 세상이잖아요."

"그렇죠, 60대 형님들도 아직 현장에서 팔팔하시죠."

"그 60대 형님들이 봤을 때 40대인 본인을 뭐라고 할까요? 아직 어리다고 하겠죠?"

"그렇겠죠."

"그렇다면 아직 40대에 인생의 모든 것을 잃은 것처럼 좌절하시면 안 되잖아요. 그렇죠?"

"아직 40대라…."

"그리고 혹시, 작년 요맘때 어떤 걱정이 있었는지 기억나세요?"

"아니요, 전혀 생각나지 않습니다."

"그럼 지금 죽을 것같이 힘들어하시는 이 고민들이 1년 후에도 기억날까요?"

"아마도 전혀 기억나지 않겠죠."

"그렇죠. 지금 힘들어했던 것들이 1년 뒤에는 잊히고 다른 고민들로 대체되겠죠. 1년 뒤에 생각도 나지 않을 고민들 때문에 지금 흔들리면

안 되잖아요."

"그러네요, 흘러가는 것들이네요."

"물론 경제적인 부분이 하루아침에, 1~2년 안에 확 풀리는 사람은 드뭅니다. 우리가 살아 있는 한 해야 할 고민 중에 하나가 돈 걱정이겠죠. 돈이라는 것은 있어도 고민이고 없어도 고민인 것 같아요. 나만 하는 고민이 아니라 전 인류가 하는 고민인 것 같습니다. 제가 묻고 싶은 것은, 10년 후에도 비슷한 고민을 상담하실 건가 하는 겁니다. 돈은 사람의 노력으로 잘 안 되는 부분이고, 자식도 인력으로 잘 안 되는 부분입니다. 내가 통제할 수 없는 것들인 것 같아요. **내가 통제되지 않는 부분은 내려놓고 가는 게 어떨까요?** 그리고 지금 내 앞이 보이지 않고 힘들다면, 10년 후에는 같은 고민을 하지 않도록 해봐야 하지 않을까요? 저는 답답하고 힘들다고 느낄 때, 미래학자들이 쓴 책을 읽습니다. 요즘 읽은 책 중에 미래학자모임에서 펴낸 『유망직업 미래지도』라는 책과 인구학자 조영태 교수의 『정해진 미래』가 인상 깊더군요. 미래학 도서들을 읽으면 지금 현재 좁은 생각에 머물러 있는 현실의 답답한 생각들을 넓고 멀리 내다보게 해서 미래를 꿈꾸게 해줍니다. 지금의 내 생각이 얼마나 작은지 깨닫게 해줍니다. 답답하신 마음은 이해가 가는데, 그 생각에 자꾸 매몰되면 점점 마음이 조급해지고 좌절하게 됩니다. 현재의 삶은 과거의 내가 선택한 삶이고 이미 벌어진 삶입니다. 이미 벌어진 일은 어쩔 수 없어요. 그냥 받아들여야죠. 그러나 앞으로의 삶은 지금 내가 선택할 수 있는 삶입니다. 앞으로 삶을 대비하신다면 지금 내가 어떤 생각을 갖고 행동하느냐가 내 미래가 된다는 것을 잊지 않으셨으면 합니다. **오늘 내 생각과 행동이 나의 미래를 만든다는 걸 기억하세요.** 10년 뒤에 같은 고민을 하지 않도록 지금부터 행동해 보세요."

사주가 주는 위로

불운이 계속 겹치면 우리는 자포자기하게 됩니다. 더불어 불운에 빠뜨린 타인이나 일을 원망하게 됩니다. 모든 것이 상대 탓인 것만 같습니다.

가만히 생각해 보면 모든 것은 우리 스스로 만들었습니다. 운명이 아니라 그동안 우리가 생각하고 행동한 것들이 씨앗이 되어 결과로 나타났습니다.

어려울 때일수록, 어떤 일이 닥칠 때마다 자기 자신을 점검해 봐야 합니다. 누구를 원망한다고 이미 일어난 일이 사라지지 않습니다. **자신에게 일어난 모든 일은 자기 자신이 책임져야 합니다.** 스스로 그 일들을 짊어지고 천천히 하나씩 해결하면 됩니다. **누군가가 대신 책임져 주리라 생각하면, 그 일은 영원히 해결할 수 없습니다.**

『주역』에서는 미치도록 답답하게 운이 풀리지 않을 때는, 우선 인간의 일이 아니라고 받아들이라고 합니다. 그리고 운이 막힐수록 준비와 대비를 끝까지 해야 한다고 합니다. 쓸데없는 짓이라도 꾸준히 해야 한

다고 합니다. 피하지 말고 운에 맞서며 어렵다고 남의 것을 탐하거나
죄를 지어서는 안 된다고 합니다. 어려울수록 가지런하고 절도 있게 생
활하며, 오히려 하늘이 준 성장의 기회라고 생각해서 순종하라고 가르
칩니다.

운명에 휘둘린다 싶을 때일수록 자기 자신 속으로 들어가야 합니
다. 자기 자신의 뿌리 속에 들어가면 더 이상 밖의 바람에 휘둘리지
않습니다.

꼭꼭 숨어 계셔요

"한 달 전에 집을 나왔어요. 제가 어떻게 될까요?"

"집을 나왔는데, 왜 그 질문을 하나요?"

"도망 나왔거든요."

"왜요?"

"남편의 폭언과 살해 위협 때문에요."

"남편 사주를 살펴보면 배려나 이해심이 없는 사주네요. 우울감, 자포자기, 표현력이 없고, 부정적 에너지가 많습니다. 특히 불안감이 심한 사주입니다."

"모두 맞아요. 남편은 결혼 후 지금까지 저에게 계속 살해 위협을 해왔어요. 매일 술을 마시며, 밥상 위에는 언제나 칼을 가져다 놓고 앉습니다. 직접적으로 때리진 않지만, 집안 집기들을 던지거나 금방이라도 어떤 일을 저지를 것처럼 행동해 왔습니다. 남편은 이제 겨우 제대로 된 일자리를 찾아서 일한 지 2년 정도 되었는데, 여전히 집에서 폭군 노릇을 합니다."

"아휴! 어떻게 사셨어요? 사주 운으로 보면 이혼 운이 37세 이후부터 시작되었는데, 왜 참고 사셨어요?"

"그럴 수밖에 없었어요. 제 큰아들이 자폐장애아거든요. 어떻게든 그 아이를 보호해야 했으니까요."

"그러셨구나. 사주에는 자식이 여러 명으로 나오는데, 그 아드님 말고 또 있나요?"

"네, 작은아들이 하나 더 있어요."

"장애아이가 있으면 교육비가 만만치 않게 들어가던데, 어떻게 해결해 오셨어요?"

"제가 아동상담사 일을 해왔어요."

"지금 아드님의 상태는 어떤가요? 아드님의 운이 점점 좋아지고 있는데요."

"정말 점점 나아지고 있어요. 제 바람은 언제나 내가 그 아들보다 하루만 더 사는 것이었어요. 그런데 남편의 생명 위협 앞에서 이제는 정말 내가 죽을 수도 있겠다는 판단에 불안해서 집을 나왔어요. 남편에게 들켜서 제가 끌려 들어갈까요? 그것이 제일 불안하고, 아들을 버리고 나왔다는 죄책감에 잠을 잘 수가 없어요."

"잘 나오셨어요. 생명의 위협을 느낄 정도의 협박을 매일 받는다면, 사람이 미치지 않고 어떻게 살 수 있겠어요? 지금까지 버텨온 것도 자신의 운명을 거스르며 희생과 인내로 버틴 것 같네요. 올해 운으로 봐서는, 휴대폰 관리 잘 하시고 주변 사람들에게 있는 곳을 알려주지 않으면 버틸 수 있을 것 같아요. 그리고 스물일곱의 아드님은 버리고 나온 것이 아닙니다. '자식을 버렸다'라는 표현을 쓰려면 적어도 스무 살 아래의 미성년 아이들을 두고 나왔을 때라고 생각해요. 물론 스스로 일상생활이 어려운 장애를 가지고 있으니 그런 생각을 하실 수 있지만, 그동안 자신의 생명을 담보로 키우고 교육시켰잖아요. 이제 점점 나아지고 있고, 그동안 엄마 혼자 짊어지던 짐을 아빠도 좀 짊어지게 하고, 국가와 사회에 맡기는 것도 방법이지 않을까 생각되네요. 평범한 가정이라면 아들을 끝까지 책임져야 한다지만, 30년 가까이 남편의 폭언과 협박에 매일 시달리는 삶이라면 이제는 자기 자신을 지키기 위한 행동을 하셔도 누가 뭐라 하지는 못할 것 같네요. 너무 죄책감에 시달리지 마세요. 지금 아드님은 어떻게 지내고 있나요?"

"센터에서 잘 돌보고 있어요. 가끔 원장님과 통화를 하는데, 아들 걱정 말라고 잘 지낸다고 하더군요. 저더러 잘 피해 있으라고 오히려 격려해 주세요."

"거 보세요. 내가 아니면 안 된다고 생각하지만, 또 어디선가 누군가의 보살핌이 있잖아요. 그리고 비록 장애아이지만 27년이나 키웠으니 그 상황에서 최선을 다하신 겁니다."

"그렇게 말해 줘서 정말 고마워요. 도망 나와 숨어 지내면서도 자식 버리고 나왔다는 죄책감에 얼마나 힘들던지…. 센터와는 꾸준히 연락

주고받으며 아들의 상황을 듣고 있습니다."

"그러면 된 거죠. 센터와 연락 주고받는 줄 알면 남편의 추격이 시작될 테니 조심하세요."

"아직 아무에게도 말하지 않고 있어요. 서류로 이혼은 이미 되어 있는데, 남편에게 끌려갈까 봐 두려워요."

"이번에 들어가시면 정말 어떤 사단이 날지 보장이 안 됩니다. 제발 잘 숨어 계셔요. 2년 정도만 숨어 계시면 운이 바뀌니 좀 나아지실 겁니다. 괜히 아드님 돌보겠다고 섣부르게 행동했다가는 그 뒤에 본인의 생명을 장담할 수 없으니, 아드님을 버렸다는 생각은 마시고 우선 자신의 생명을 먼저 지키세요."

"그럴게요."

"아드님을 버리고 나온 것이 아니고 이제는 두고 나온 것입니다. 그리고 살아 있어야 멀리서라도 아드님 뒷바라지를 해줄 수 있으니, 꼭 꼭 숨어 계셔요."

사주가 주는 위로

살다 보면 내가 나를 어딘가로 밀쳐두고 살아야 할 때가 있습니다. 자식 때문에, 부모 때문에, 가장이라서, 장녀라서….

주어진 역할에 충실하다 보면 나는 없고 누구 엄마, 누구 남편, 무슨 부장 등 호칭만 남습니다. 나를 내 운명에서 스스로 소외시키고 살아갑니다. 내가 원하는 삶을 살아가지 못합니다. 나는 나와 점점 멀어집니다. 내 운명은 방향을 잡지 못합니다.

그 덕에 주위 사람들은 어느 정도의 혜택을 누리고 삽니다. 그러나 어느 순간 미루고 미뤄두었던 내 운명이 커다란 쓰나미처럼 한꺼번에 내 삶 안으로 밀려들어 옵니다. 억누르고 참았던 시간만큼 부피는 늘어나 있습니다. 그 모습은 아름다운 형태를 지니지 못하고 우울증, 암, 이혼 등의 모습으로 나타납니다. 내가 나를 챙겨주지 못한 대가를 치르는 겁니다.

가끔은 나를 돌봐가면서 살아야 합니다. **내가 내 인생에서 소외되고 있지는 않는지 알아야 합니다.** 그리고 나를 탐구해 봐야 합니다. **사주를 알면 내가 누구인지, 나는 무엇을 원하는지, 내가 어디로 가고 있는지 알 수 있습니다.** 가끔은 운명도 들여다볼 일입니다.

결혼할 남친이 나를 버렸어요

"지난번 상담에서 헤어진 남자친구와 인연이 끝났다고 말씀하셨는데, 정말 저랑 끝날 수밖에 없는 이유가 사주에 나와 있는지 궁금해요. 헤어졌지만 남자친구의 사주를 다시 보고 싶어요."

"아직 마음의 정리가 잘 안 되나 보네요. 10년 가까이 만났으니 그 마음이 오죽할까 이해는 되지만, 헤어진 남자친구의 사주 상담은 다시 하지 않는 것이 좋겠어요. 상담해 주면 저야 상담료 받아 좋지만, 이건 아닌 것 같습니다."

"제 마음 정리가 힘이 드네요. 벌써 헤어진 지 8개월이 지났고, 그동안 한 번도 연락이 없었고, 이미 다른 여자에게 갔다는 것도 아는데… 제가 왜 이렇게 미련스럽게 구는지 모르겠어요."

"미련스러운 것 맞아요. 이미 다른 여자에게 갔다는 걸 알면서 저와 사주 상담을 하고 싶다는 건, 사주 상담을 핑계로 그 남자 이야기를 하고 싶다는 말이잖아요. 누군가와 남자친구 이야기를 나눠야 답답한 마음이 조금이라도 풀릴 것 같다는 건 압니다. 그 마음을 알기에 남자친구 사주 상담이 도움이 안 된다는 겁니다. 상담을 하는 동안 머릿속에 그 남자를 되새기는 일이 되거든요."

"네, 무슨 말인지 알겠어요. 며칠 전 제가 너무 참기 힘들어서 전화까지 했어요. 그것도 새벽 시간에요. 다행히 전화를 받지 않아서 서운하면서도 가슴을 쓸어내렸어요. 그러면서 또 한편으론 집착에서 벗어나지도 못하는 찌질하고 불쌍해 보이는 제 모습이 한심하고… 참 힘이 드네요."

"오죽할까요. 10년 가까이 오직 한 남자만을 바라보고 왔는데, 갑자기 그 남자가 다른 여자가 좋다며 이별을 통보하는데 어느 여자가 제정신이겠습니까."

"이해해 주셔서 감사합니다. 요즘 정신 상담도 받으러 다니고, 죽으려고 산에도 들어갔습니다. 약을 먹으려는 순간, 내가 왜 이러지라는 마음이 들어서 내려왔습니다."

"어휴! 큰일날 뻔했네요. 아직 죽을 운이 아니라 죽을 시도를 해도 쓸데없는 짓이 될 것 같습니다. 몸만 상할 테니 그런 짓 하지 마세요. 만남과 헤어짐을 생각해 봅시다. **사람들은 자신들이 만나고 헤어지는 것 같지만, 사실은 인연과 업에 의해 모였다 흩어지는 것일 뿐입니다.** 인연의 시간이 긴 사람들도 있고 짧은 사람들도 있습니다. 아무리 사랑해도 결혼식 앞두고 사고로 사망하거나 헤어지는 경우도 있습니다.

만남과 헤어짐이 사람의 마음으로 되는 일이 아니라는 겁니다. 아무리 헤어지고 싶어도 인연의 업이 남아 있으면 원수가 되면서도 이어 나갑니다. 감정도 그래요. 다른 여자에게 간 전 남자친구의 감정은 이미 끝났다고 볼 수도 있습니다. 다만 본인의 감정이 아직 남아 있어서 알아차리지 못할 뿐이지요."

"그랬을 수도 있겠다 싶네요. 언젠가 남자친구가 '오랜 연애로 서로가 느슨해지고 마음이 예전 같지 않다'고 말했거든요."

"그랬군요. 그 마음도 진실이고, 놓지 못해 이렇게 힘들어하는 마음도 진실입니다. 힘들어하는 마음에서 조금만 밖으로 나와 바라보세요. 멀리서 자신을 바라보면 그 힘듦이 작아 보일 겁니다. 우주인들이 지구 밖에서 지구를 바라보면 아주 다른 세상으로 보이고 작아 보인다고 하잖아요. 그 작아 보이는 지구 안 어딘가에 내가 있다고 생각하면, 지금의 괴로움이 객관화되어 보일 것입니다."

"지구 밖에서 나를 바라보라는 말이 새롭게 들립니다. 저도 예전에는 책을 많이 읽었어요. 남자친구가 떠난 후부터 책을 전혀 읽지 않다가 얼마 전부터 다시 책을 읽기 시작했어요. 그런데 책을 읽으며 위로를 받다가도 불쑥 '뭔 개소리야!'라는 생각이 들곤 합니다. 책에 있는 지식이 저의 실연을 위로해 주지는 않고 있어요. 그저 책일 뿐이더군요. 그래서 신경정신과 상담을 받고 있고, 이렇게 선생님에게 사주 상담도 하게 되었습니다."

"그랬군요. 내 마음 한 조각이 편하지 않으면 아무리 좋은 곳에 가 있더라고 전혀 즐겁지 않고, 아무리 좋은 말을 들어도 삐딱하게 들릴 때가 많죠. 생각, 느낌이라는 감정이 우리 마음 안에서 흘러 다니기 때문이겠죠. 그런데 그 감정이라는 것이 얼마나 유리알처럼 깨지기 쉬운지… 아무리 힘든 상황에서도 옆 사람이 웃기면 피식 웃기도 하고, 맛있는 음식을 먹으면 잠시 슬픔을 잊기도 합니다. 보고 싶다는 감정도 어쩜 자신의 것이 아닐지도 모르죠."

"맞네요. 남자친구와의 실연 때문에 물 한 모금 삼키지 못할 정도로 힘들었는데, 8개월이 흐른 지금은 그래도 살만 하니까요."

"아직 30대 초반입니다. 얼마든지 새 인연 만날 기회가 있는 나이죠. 지나간 인연에 목매지 말고, 다가올 새 인연을 맞이할 마음의 준비도 서서히 해보세요."

"제게 앞으로도 남자 운이 있을까요?"

"당연하죠. 당장 올가을부터 이성 운이 들어오고 있네요. 지나간 인연으로 인해 의심이나 집착 등을 갖게 되면 새로운 사람과도 아프게 끝날 수 있어요. 온전히 스스로 즐겁게 생활할 수 있을 때, 새로 들어오는 인연을 제대로 이어갈 수 있을 겁니다. **지나간 인연은 지나가도록 비껴나 주고, 새로 들어오는 인연은 들어오도록 공간과 시간을 열어두어야 해요.**"

"새로운 인연이 있다 하니 마음이 편해집니다. 저는 전 남자친구만 바라보고 왔기 때문에 저에게 새로운 인연은 없을 거라고 생각했거든요. 한 번 차이고 나니 자존감이 떨어지네요."

"좋은 인연이 들어올 것입니다. 마음을 새롭게 다잡고 새 인연에게 내어줄 편안한 공간을 마련해 보세요. 지금처럼 온통 전 남자친구에게 매달려 있다면, 새로운 인연이 들어올 공간이 없어 지나갈 것입니다."

"사주 상담은 안 해주셨지만 마음의 위로를 많이 받았어요. 다시는 전 남자친구 사주 상담을 하지 않도록, 마음을 내려놓도록 노력해 보겠습니다."

사주가 주는 위로

모든 만남에는 헤어짐이 있고, 생겨나면 사라짐이 있고, 태어나면 죽습니다. 그런데 우리는 만나면 좋다고 하고, 생겨나야 좋다고 하고, 태어나야 좋다고 합니다.

양이 있으면 반드시 음이 있고, 음이 있으면 양이 있습니다. 음과 양은 짝꿍입니다. 동전의 양면처럼 붙어 다닙니다.

얼마나 다행입니까? 불행이 있으면 행복도 있고, 행복이 있으면 불행도 있습니다. **계속 불행하기만 하다면 견디지 못할 것이고, 계속 행복하기만 하다면 행복의 소중함을 모를 것입니다.**

연애할 때도 만나서 사랑을 했으면 헤어지면서 사랑이 끝나는 게 당연합니다. 영원한 사랑을 꿈꾸는 것 자체가 허상일 수 있습니다. 세상은 양과 음이 돌고 돕니다. 만났으면 헤어지고, 사랑이 시작되었으면 끝나기도 합니다. 그런데 사람들은 헤어지고, 사라지고, 죽는 것을 남의 것인 양 보지 않으려 합니다. 피하려고만 합니다. 헤어지고, 사라지고, 죽는 것도 사람의 일입니다.

우리가 이 세상에서 붙잡고 갈 수 있는 것이 있을까요? 양이 좋다고 양만, 음이 좋다고 음만 붙잡을 수 있을까요? **꽃이 피면 시들어가는 것도 반드시 지켜보아야 합니다.** 꽃에게 시들지 말라고 붙잡으려 하면 번뇌만 깊어질 뿐입니다.

악연도 인연입니다

"궁합 좀 봐주세요."

"정식 부부는 아닌 것 같은데, 어떤 사이인가요?

"2년째 같이 살고 있는 남자예요."

"궁합으로는 남녀의 인연이라기보다는 친인척 같아요."

"그렇게 살고 있어요. 저와 잠자리 안 한 지 2년이 다 되어가요. 제가 이 남자의 사무실에서 모든 업무를 다 처리하는데, 매달 여러 여자들에게 몇 백씩 나가요. 카드명세서에도 모텔 같은 숙박업소 금액이 찍혀 있고요."

"저런! 무슨 관계가 그래요?"

"제 말이요. 저랑 살겠다고 살림살이를 새로 다 사서 한 집에 살게 되었는데, 밖에서 여자들을 꾸준히 만나는 이유를 모르겠어요. 제가 그 여자들 이름을 대면서 정리하라고 하면 알았다고만 해요. 이건 나를 여자로서 무시하는 것이고, 인간적으로도 무시하는 거잖아요."

"그래도 사주로 보면 책임감은 있어 보이네요."

"그것이 이상해요. 대외적으로는 저를 와이프라고 소개해요. 처음에 저를 만났을 때는 경제적으로 어려웠어요. 제가 사무실 일을 돕기 시작하면서 차차 일어서게 됐거든요. 그래서인지 사무실의 모든 일들을 제게 맡겨요. 그런데 정작 집에서는 각 방을 써요. 잠자리도 안 하고요. 저희는 언제쯤 헤어질 수 있을까요?"

"쉽게 헤어질 운은 아니네요."

"어딜 가서 물어봐도 똑같은 답을 해요. 그 말이 더 미치겠어요. 헤어질 수도 없는데, 남자는 계속 밖에서 다른 여자들을 만나고 다니니까요. 한둘이 아니에요."

"명리학에서 남자에게 재물 그릇을 여자 그릇과 같이 쓴다고 봐요. 대체적으로 돈이 들어오는 시기에 여자도 같이 들어온다고 보죠. 실제로 그런 경우도 많고요. 어느 부인이 우울증으로 찾아오신 적이 있어요. 남편 사업이 한창일 때 밖의 여자들 때문에 참 많이도 속을 썩으셨대요. 그때 써 놓은 일기를 보여주셨어요. 부인이 매우 괴로워하던 심정들이 고스란히 쓰여 있더군요. 그런데 요즘은 남편 사업이 안 된대요. 물론 밖의 여자도 없겠죠. 그래서 딜레마래요. 남편 사업이 안 되니 가정 경제가 어렵고, 남편 사업이 잘되면 밖의 여자 때문에 괴로우니… 어떤 것이 좋은 것인지, 왜 그래야 하는지 힘들다며 울더군요. 지금 남자에게 밖의 여자는 유희 같은 것일 거예요. 진심어린 마음을 교류하는 것이 아니고 습관처럼 새로운 여자를 찾는 것 같아요."

"제가 봐도 그래요. 그냥 새로운 여자들과 잠깐씩 느끼는 설렘과 육체적 관계가 좋은가 봐요. 여자가 자주 바뀌는 것을 보면 그래요. 그러든가 말든가, 저는 뭐냐고요? 같이 살려고 새 살림까지 준비해서 동거를 시작했는데, 대외적 파트너일 뿐이잖아요. 제가 있어야 사업이 굴러간다는 걸 아니까 나랑 있는 것 같아요."

"두 분의 운의 흐름으로 봐서는 3년 안에 정리될 것 같아요. 그 안에 지금 겹쳐 있는 여러 관계들을 정리해 두는 것이 좋겠어요. 그런데 의문이 하나 드네요. 밖의 여자들 만나는 줄 알면서 부인은 왜 같이 지내시나요?"

"이미 가족들에게 인사도 다 했거든요. 저도 결혼에 실패한 경험이 있으니, 어쨌든 잘 살아보려고 하는 거죠. 제가 왜 이런 사람을 만났을까요?"

"인연이겠죠. 우리가 아는 천생연분이 좋은 의미의 인연만 있지는 않더라고요. 악연도 인연입니다."

"그런 것 같아요. 저희 관계를 생각하면 '악연도 인연'이라는 말이 실감납니다. 3년 안에 정리가 된다니 준비를 해야겠어요. 지금 한 달에 몇 백씩 다른 여자들에게 가는 돈을 저도 좀 챙겨놔야겠어요. 지금까지는 어쨌든 사업을 잘 키우도록 돕는 역할만 해왔어요."

"마음의 준비를 이미 하셨겠지만, 다른 관계 정리도 준비해 두세요."

운명이 무엇일까요? 타고난 선천명과 흐르는 운의 결합입니다. 우리의 지식과 노력으로 도저히 이해할 수 없는, 그 어떤 힘입니다. 때로는 신비하기까지 합니다.

남녀 간의 사랑은 어떤가요? 머리가 시키는 것과 가슴이 시키는 것이 다릅니다. 상대를 미워하고 싶은데 마음은 그렇지 않습니다. 자석처럼 끌림입니다. 남녀 간의 사랑도 우리는 이해할 수 없습니다. 그래서 우리는 사랑을 운명으로 표현합니다.

사랑은 사람의 지성과 노력으로 이해할 수 없는 두 힘의 만남입니다. 내 운명과 너의 운명이 만나는 커다란 사건입니다. 문제는 내 운명과 너의 운명이 같지 않다는 겁니다. 사람의 운명은 각자 다릅니다. 당연한 충돌이 예상됩니다. 운명끼리의 충돌입니다.

사랑은 기다림의 시간이 필요합니다. 충돌된 두 운명이 서로 맞추어 갈 시간이 필요합니다. 맞추기 위해서는 서로의 운명을 받아들일 마음이 있어야 합니다. 이해하려면 상대의 운명에 대한 공부가 필요합니다. 살면서 가장 공부를 많이 해야 할 분야는 남녀 간의 사랑 같습니다.

아파서 이혼했어요

"제 사주가 어떤가요?"

"사주의 기운이 한쪽으로 치우쳐져 있네요. 운에 따라서는 크게 성공할 수 있지만 아직까지 그 운을 만나지 못했어요. 3년 후부터 사주에 좋은 운이 들어오네요. 그런데 기운이 한쪽으로 치우쳐져 있으면서 운이 따라주지 못할 경우에는 건강과 배우자 운이 나쁜 경우가 많더군요. 건강을 아주 많이 챙겨야 하는 사주예요. 그리고 남편을 뜻하는 배우자는 커다란 물에 휩쓸려가는 모습이라 부부궁이 아주 나쁘네요."

"이혼했습니다. 제게 5년 전에 위암이 왔어요. 그동안 남편과 주말부부로 지냈어요. 아마 주말부부로 살지 않았다면 벌써 이혼했을 거예요. 어쩌면 이혼을 먼저 했더라면 암을 겪지 않았을지도 모른다는 생각입니다."

"남편 때문에 맘고생이 심하셨군요?"

"네, 성격이 정말 맞지 않았어요. 너무 잔소리가 심해요. 그런데 제가 위암에 걸리니까 남편이 일부러 발령받아서 집으로 들어오더라고요."

"남편 입장에서는 부인을 돌보고 싶으셨겠죠."

"저도 그 마음은 이해를 하는데, 제가 남편 스트레스 때문에 암이 온 것 같거든요. 남편이 집에 들어오는 것이 끔찍스럽게 싫더군요. 암에 걸린 것보다 남편이 집에 들어오는 것이 더 싫었어요."

"같은 스트레스를 오랫동안 받으면 암으로 갈 확률이 높다고 하죠. 여기 암환자들이 가끔 오는데, 주로 남편 일이나 사업부도 등으로 커다란 스트레스를 오랫동안 겪은 후에 암이 오는 경우가 많았어요. 하지만 본인의 사주가 한쪽으로 치우쳐 있는 것이 가장 큰 원인 같아요."

"사주가 그렇게 생긴 것은 몰랐어요. 주말부부로 지내면서도 남편에게 스트레스를 많이 받고 있었는데, 제가 암이 발병하고 집으로 들어온다니 정말 미치겠더군요. 그 뒤로 한 집에 살면서 정말 많이 싸웠어요. 결국엔 남편이 저에게 집을 나가라고 하더군요. 그렇게 3년을 싸우다가 겨우 작년에 이혼했어요. 위암 수술을 하고 몸도 못 추스른 상태에서 남편이라는 존재는 정말 큰 벽 같더군요. 제가 살려고 이혼했어요."

"그랬군요. 맘고생이 심하셨네요. 저도 자궁암 발병하고 이혼했어요. 남편 때문에 죽을 것처럼 힘든 시간을 몇 년 지나고 나니 암이라는 큰 병이 오더군요."

"암을 겪고 나니 사람이 결단이 서더군요. 이렇게 더 이상은 못살겠다는 판단이 섰어요. 저는 아파서 이혼했어요. 그런데 제가 아직 경제적 자립이 약해요. 앞으로 운이 어떨까 해서 왔어요."

"앞으로 3년은 더 버티셔야 해요. 아직 어두운 운의 터널을 완전히 빠져나온 상태가 아닙니다. 터널 끝에 서 있다고 보입니다. 건강도 좀 더 챙기셔야 해요. 사주에 한쪽으로 치우친 것 같은 기운이 또다시 몰려오고 있어서 건강이 제일 걱정이 되네요. 다시 위장에 문제가 있을 것 같으니 자주 병원에 가서 체크하시고, 모든 일을 그러려니 생각하면서 흘려보내세요. 몸에 덩어리 만들지 않도록 마음을 편하게 하세요. 하루에 잠시라도 명상을 하시고요. 가능한 아침 시간에 일어나고 낮 시간에 활동하세요. 밤에는 규칙적으로 잠을 자야 해요. 본인은 큰 水(수)의 기운이 문제인 사주이니, 나무의 기운을 많이 활용해야 해요. 아침 시간과 아침밥은 木(목)의 기운을 채우는 방법입니다. 또 나무와 관련된 일을 하는 것도 좋고, 남을 가르치거나 강연·강의 같은 일이 좋습니다. 꼭 낮 시간의 활동을 권합니다. 햇볕 있을 때 자주 걸으시고요."

"지금 강의 일을 조금씩 하고 있습니다."

"좀 더 발전시켜서 청중이 많은 강연을 권합니다. 사주 기운의 불균형을 해소하는 여러 방법을 말씀드렸습니다. 그렇게 3년 정도 공부하고 버티면 좋은 운이 흐르는 방향으로 돌아섭니다."

"아파서 이혼했는데 오히려 마음이 편합니다. 저도 제가 이렇게 맘

편히 지내면 좋아질 것 같은 예감이 듭니다. 남편과 생활할 때는 앞이 보이지 않았거든요. 이혼이 꼭 나쁜 것만은 아닌 것 같습니다. 힘든 인연을 계속 이어가는 것이 더 나쁘지 않을까 생각했습니다."

"다행이네요. 이혼 후 오히려 신세 한탄하면서 결핍감을 느끼는 분들이 많은데, 운이 좋아지려니 마음도 긍정적이 되는 것 같네요. 사람이 죽을 만큼의 어떤 계기가 되어야 마음을 바꾼다고 하는데 ,위암이라는 큰 질병이 오히려 삶을 바꾸는 계기가 되었군요. 지금의 긍정적인 마음으로 지내시면 앞으로 좋아질 것 같습니다."

사주가 주는 위로

사주팔자를 해석하는 체계 안에는 몸의 오장육부를 배치해 두었습니다. 음양과 오행의 관계가 사람의 선천적인 건강 상태를 나타내 줍니다. 결국 타고난 사주팔자의 운명적 모습이 우리 몸입니다.

오행 중 木은 간과 담의 신경계, 火는 심장과 소장의 순환계, 土는 위장과 비장의 소화기계, 金은 폐와 대장의 호흡기계, 水는 신장과 방광, 생식기의 비뇨기계에 해당됩니다.

사주 오행은 오장육부와 성품, 행동, 가족, 사회적 배치를 같은 글자 안에서 가지고 있습니다. 이 모든 것이 우리의 팔자, 운명입니다. **사람은 선천적 모든 기억을 몸에 가지고 태어납니다. 내 몸을 안다는 것은 내 운명을 안다는 뜻입니다.**

몸의 기억을 바꾸면 운명의 방향도 바뀔 수 있게 됩니다. 지금의 내 운명이 마음에 안 든다면 내 몸을 지금까지 살아왔던 다른 방향으로 사용하면 됩니다. 먹는 음식을 바꾸고, 입는 옷 스타일을 바꾸고, 다니는 길을 바꾸면 됩니다. **가장 효과적인 방법은, 사람과의 관계를 바꾸는 겁니다.** 이혼이 꼭 나쁘다고 비난할 수 없는 이유입니다.

이혼녀 대열에 끼기 싫어요

"남편이 주식으로 아파트를 날렸습니다."

"사는 집인가요?"

"네, 처음엔 월급에서 시작하더니 직장연금을 담보로 대출받아서 계속 주식을 했습니다. 결국엔 살고 있는 아파트를 대출받아서 투자하더니 모두 날렸습니다. 그래서 월세로 이사했습니다."

"맘고생이 많았겠네요."

"말해 무얼 하겠습니까. 그런데 제 남편이 좀 유별납니다. 음식 까탈을 무지 부립니다. 몸에 좋은 음식보다는 자신이 좋아하는 음식만 먹으려 합니다. 몸에 좋은 음식이라도 자신이 싫어하는 반찬이 상 위에 있으면 안 됩니다. 그리고 깔끔한 것을 추구하는 성격입니다. 이번 이사할 때도 이삿날 집 정리가 덜 되었다고 짜증을 내더니 그릇을 던지는 겁니다."

"세상에나! 자신이 주식으로 아파트를 날렸다는 죄책감은 없나 봐요?"

"뭐 자기가 번 돈으로 산 집이라 생각해서인지, 애초에 미안함 같은 것은 없었어요. 완전 독재스타일입니다. 시댁에 가서도 제가 조금이라도 소홀한 듯 보이면 바로 집에 돌아와서 난리를 칩니다."

"요즘 시대에 그렇게 간 큰 남자도 있군요."

"저도 압니다. 그래서 몇 번이나 이혼을 생각해 봤지만, 아들 둘을 혼자 키울 자신은 없어서 참고 견뎌왔어요. 아들들을 통제하는 데는 아빠가 있어야 될 것 같아서요. 사실 제 주변에 이혼한 여자들이 많거든요. 저는 그 이혼녀 대열에 끼기 싫습니다. 자존심 문제입니다. 그래서 버팁니다. 아무튼 아흔아홉 개 이혼할 이유가 있더라도 참아야 할 이유가 단 한 가지라도 있으니 이혼을 안 하고 있습니다."

"이혼녀 대열이라는 단어가 아프네요. 저도 이혼한 사람입니다. 이혼이 곧 불행의 대명사는 아닙니다."

"제 주변의 이혼한 여자들은 모두 불행해 보이거든요."

"그렇군요. 이혼한 여자들을 바라보는 시각이 그렇다면 어쩔 수 없겠죠. 이렇게 자신의 삶을 포기한 채 살아가더라도 이혼을 불행이라고 생각하니 그것도 삶의 선택입니다. 그런데 왜 그렇게 상담 내내 우시나요?"

"이혼을 하지도 못하면서 비참하게 살아가는 제가 선생님 입장에서 답답해 보이시죠?"

"아니요, 그렇게 생각하지 않습니다. 그것도 선택이니까요. 결혼했다고 꼭 참고 살아야 한다는 법이 없듯이, 힘들다고 다 이혼하지는 않으니까요. 결혼생활을 유지하겠다는 것도 선택입니다. 다만 결혼생활을 유지하면서 자신을 돌보는 일도 소홀히 하지 않기를 바랍니다. 이렇게 우는 것을 보니 우울증이 시작되는 것 같습니다."

"공부를 시작해 보려 합니다. 자격증 공부를 하려고 하는데, 합격 운이 있을까요? 합격 후에는 취업 운이 있을까요?"

"네, 합격 운도 있고 취업 운도 있습니다. 열심히 해보세요. 자신의 일을 갖게 되면 더 나을 것 같습니다."

사주가 주는 위로

사주와 운을 살펴보면 남녀의 결혼 시기를 찾을 수 있습니다. 대체로 배우자 운이 들어서는 때나 자식 운이 들어서는 시기에 결혼을 많이 합니다. 다른 말로 '시절 인연'이라고 표현합니다.

시절 인연은 만남에만 작용하지 않습니다. 헤어짐에도 똑같이 작용합니다. '만남은 좋고 헤어짐은 나쁘다'라는 이분법이 아닙니다. 그저 만나고 헤어짐일 뿐입니다.

시절 인연이 어긋나기 시작하면 헤어짐의 징조들이 나타납니다. 만남의 시간이 어긋나고, 느낌의 간격이 생기고, 생각이 다른 방향으로 흐릅니다. 알아채지 못할 뿐입니다.

사람들은 어떤 계기로 헤어졌다고 말하지만, 운명은 그저 헤어질 때가 되어서였다고 말합니다. **시절 인연이 바뀌었으니 헤어진 것입니다. 받아들이면 됩니다. 인정하고 다음 시절 인연을 기다리면 됩니다.**

다만 좋은 시절 인연을 만나고 싶다면, 나의 에너지 레벨을 올려야 합니다. 자신의 운명을 살피고 공부하는 것이 좋습니다.

취업이 안 돼요

"제 취업 운은 어떤가요?

"어디에 취업하고 싶으세요?"

"은행이요."

"학교는 어디 졸업인가요?"

"부경대 일본어학과 4학년입니다."

"학과와 조금은 무관한 직장이네요?"

"아버지가 공무원이신데, 저에게 공무원 시험을 보라고 하세요. 저는 자신이 없어요. 그나마 아버지 마음에 들 만한 직장이 은행 같아서요."

"본인이 가고 싶은 곳이 아니라 부모님이 원하는 곳을 지원하려고 하는 건가요? 본인이 하고 싶은 일은 없어요?"

"뭐 특별히 잘하는 것도 없고, 하고 싶은 것도 없어요."

"그렇구나. 그럼, 은행 취업에 관련된 조건은 좀 준비했나요?"

"이제 알아보는 중이에요."

"자격증은 무엇이 필요하던가요? 일본어학과를 졸업할 예정이니 일본어 능력 자격증은 있겠죠?"

"JPT는 가지고 있어요. 그런데 은행에서는 JLPT 자격증을 원해서 이제부터 준비해 보려 해요."

"JLPT는 시험도 자주 없고 N1까지 따려면 많이 힘들던데, 지금부터 가능하겠어요?"

"조금 걱정이긴 해요. 그동안 준비한 것이 많이 없어서요."

"제게 취업 운을 질문하셨죠? 지금 이야기를 나눠 보니, 취업 운을 묻기에는 아직 준비가 안 된 것 같아요. 대학 졸업은 앞두고 있는데 본인이 어디에 취업할까 정하지도 못했고, 그곳에서 어떤 자격을 필요로 하는지도 모른 채 취업 운을 묻는다는 게 말이 좀 안 되는 것 같죠?"

"저도 이제 후회가 돼요. 그런데 부모님이 고생을 많이 하시니까 빨리 취업하고 싶어요. 어머니 건강도 좋지 않으세요."

"울지 말고요. 지금 울 일이 아니잖아요. 그렇게 부모 생각하는 마음이 깊으면 좀 더 구체적으로 준비를 했어야죠."

"졸업하면 막연히 되겠지 생각했어요. 그동안 걱정만 많았는데 급하지는 않았거든요. 졸업을 미루고 휴학을 한 학기 하면서 공무원 시험공부를 해보니, 시간이 흐를수록 자괴감만 드는 거예요. 머릿속에 공부는 들어오지 않고 내가 과연 합격은 할 수 있을까, 지금 내가 뭐하고 있지… 자신감만 자꾸 떨어졌어요. 부모님의 기대가 있으니 학원은 다녔는데, 솔직히 공부를 많이 안 했어요. 그러다가 졸업은 해야 해서 복학한 거예요."

"본인 사주로 봐서는 은행 정규직은 어려울 것 같아요."

"저도 알아요. 제가 인턴생활 6개월 정도 해봤는데 저랑 맞는 곳은 아니었어요. 그래도 부모님이 이름 있는 직장을 원하시니까 도전해 보고 있는 거예요."

"이야기를 들으며 제가 답답해지네요. 본인이 원해서 열심히 준비하는 직장도 아니고, 부모님이 원하는 직장에 제대로 된 자격증 하나 갖고 있지 않으니… 취업 운을 말하기에는 조건 부족 아닐까요?"

"혹시 운이라도 있으면 지금부터라도 준비해 볼까 해서요."

"일단 은행에 취업하기 위한 자격증과 필요조건이 무엇인지부터 조사해 보는 것이 좋겠어요. 최선을 다해 준비를 해놓고, 그 다음에 운을 묻는 거예요. 진인사대천명이라는 말이지요."

"네, 저도 그렇게 생각해요. 4학년 졸업을 앞두고 있으니 걱정만 되고 뭘 준비해야 할지 모르겠어서 운이라도 있나 물어보러 왔어요."

"그나마 다행이에요. 이런 관심이라도 있으니 계약직으로라도 취업은 될 것 같네요."

"정말요? 저는 계약직도 좋아요. N1 공부하게 학원 알아봐야겠어요. 감사합니다."

심상사성(心想思成)이라는 말이 있습니다. 머릿속에 그려야 이루어
진다는 뜻입니다. 운의 세계에서도 적용되는 말입니다. 무의식의 세계
가 의식의 세계를 끌어옵니다. 생각한 대로 삶과 운을 끌어당깁니다.

뇌 과학이 운의 세계를 증명하고 있습니다. **매사에 감사하고 행복해
하면 자신의 운도 상승을 합니다. 슬퍼하거나 후회하거나 부정적이면
운도 하락합니다.**

사주는 미래로 나아갈 때 운명의 지도 역할을 합니다. 또 지나온 삶
의 행로를 기록하는 블랙박스와 같습니다. 내 운명의 블랙박스에 어떤
기록을 남길 것인가는 온전히 자신이 써나가는 것입니다. **도전하는 자
에게는 운도 어쩔 수 없이 따라가게 됩니다.**

20대는 운을 논하지 말라고 합니다. 일단 해보는 겁니다. 머릿속에
그리고, 최선을 다해 보고, 운에 맡깁시다. 궁 즉 통, 궁하면 통합니다.

진급 운이 있나요?

"올해 제가 진급 운이 있나요?"

"쉰일곱이시면, 지금 직급이 부장인가요?"

"네, 부장입니다. 진급이 안 되어 해외에 다녀오면 기회가 될 것 같아서 해외주재원으로 2년 근무하다 왔습니다. 언제쯤 진급이 될까요?"

"죄송한데, 올해 진급 운이 약합니다."

"모두들 제가 올라갈 거라고 예상을 했는데, 올해도 아직 소식이 없네요."

"안 될 것 같습니다. 내년까지 운이 없어요."

"항상 이런 식이었습니다. 모두들 제가 진급할 거라 예상을 하는데, 정작 저는 매번 누락이 되더라고요. 뭐가 문제일까요?"

"사주에서 직장 운과 명예 운에 한계가 있습니다. 저희끼리는 '부장급 사주'라 부릅니다. 남보다 진급이 더디고 올라갈 수 있는 한계가 부장급이라는 뜻입니다. 임원까지는 어렵습니다."

"직장의 꽃은 임원인데, 한 번은 하고 그만둬야 남자가 직장 다닌 보람이 있지 않을까요?"

"그럼 좋겠죠. 공무원 시험 보는 사람들도 이왕이면 7급이나 5급 합격을 원하지만, 자신의 그릇이 작으면 합격 운이 낮습니다. 9급 그릇이 7급이나 5급을 노리고 응시한다면 실패할 확률이 높아집니다."

"좀 서글퍼지네요. 20년 넘는 시간을 몸 바친 직장인데 부장에서 멈춘다니, 살맛이 안 납니다."

"그렇겠죠. 임원 진급을 노리고 해외까지 다녀오셨는데, 기대하던 진급이 안 되면 실망하는 게 당연해요. 마음을 내려놓으셔야겠어요."

"돌아가는 낌새가 좀 수상하다 했어요. 어쩔 수 없죠. 내 그릇이 그 정도라니…. 계속적으로 윗사람에게 말을 넣고는 있는데, 돈이라도 써야 하나 고민입니다."

"임원으로 발탁되면 임시직으로 길어야 2년 정도 아닌가요?"

"그렇죠. 쪽 팔려서 그렇지 부장으로 있다가 정년해도 돼요."

"사는데 무슨 쪽까지 팔려요. 임원에 너무 목매지 말고 정년 이후의 삶을 차근차근 준비하시는 게 좋을 것 같아요."

"할 수 없죠. 마음 내려놓고 앞으로 계획이나 세워봐야겠네요."

사주 이론 안에는 수많은 사람들의 사연이 쌓여 있습니다. 운명이라는 거대한 이름 아래 숨겨진 저마다의 은밀한 사연들이 들어 있습니다. 웃고, 울고, 사랑하고, 미워하고, 성공하고, 실패한 많은 사람들의 희노애락이 켜켜이 쌓여 있습니다.

사주는 사람의 머리로는 이해가 되지 않는 영역인 듯합니다. 그러나 사주는 삶에 대한 다양한 정보를 암시해 줍니다. 암시이지 결과는 아닙니다.

사주 이론 안에서 가장 빛을 발하는 것이 계절입니다. 봄, 여름, 가을, 겨울입니다. 꽃피는 봄은 지난겨울의 혹독한 추위를 기억합니다. 여름의 뜨거움이 있어야 가을의 열매가 맺힙니다. 겨울의 저장과 쉼이 있어야 건강한 삶을 살 수 있습니다.

우리 삶은 순환하고 있을 뿐입니다. 내가 바라는 것이 꼭 지금 이루어지지 않아도, 열매를 위해 언젠가 씨앗을 뿌렸다면 열매로 다가오는 때도 있을 것이라는 것을 사주는 암시해 줍니다.

좋은 일만 있기를 바랄 수 없습니다. 사주는 이 세상에 만사형통은 존재하지 않는다고 알려줍니다. 그렇다고 어렵고 힘든 일만 계속되지도 않는다고 알려줍니다. 사주팔자는 네 개의 기둥 안 여덟 글자일 뿐입니다. 누구나 갖고 있는 평등한 암시입니다.

제가 집을 나왔어야 했네요

"어떻게 됐어요? 집은 나왔나요?"

"아니요, 남동생이 나갔어요. 친구 집으로 갔어요."

"잘못했네요. 본인이 집을 나왔어야 했어요."

"저도 그러고 싶은데 아빠가 허락을 하지 않고, 동생이 6개월만 살면 되니까 지가 나간다며 나갔어요. 그런데 너무 불편해요."

"그렇죠? 분명 몇 년 동안 남동생에게 폭행을 당해 온 것은 누나인데, 막상 그 사실을 공론화시키고 동생이 나가니까 지금은 동생 내보낸 누나가 되어서 오히려 부모님이 가해자처럼 대할 것 같네요."

"바로 그거예요. 제가 지금 억울해서 미치겠다니까요. 엄마는 동생이 이렇게 매일 잘못했다고 하는데 왜 용서해 주지 않느냐면서 저를 힘들게 하세요."

"당연하죠. 모든 엄마들에게 아들은 좀 특별해요. 게다가 6개월 후면

군에 갈 아들이니 얼마나 애틋하겠어요. 아무리 속을 썩이는 아들이라도 군대라는 특수성 때문에 모든 엄마들은 마음 아파한답니다."

"그러니까요. 제가 동생에게 맞을 때마다 엄마는 매번 제게 그러셨어요. 왜 동생을 자극하느냐고요. 제가 동생에게 몇 년째 폭행당하면서 지내는데, 한 번도 제 편을 들어주지 않으셨어요. 경찰에 신고하려고 하면 동생에게 빨간줄 만들어주면 좋겠느냐며 저만 참으면 되지 않느냐고 했어요. 그런데 점점 제가 미쳐 가는 것 같더라고요. 동생을 죽이는 상상을 하고, 꿈을 꾸고, 길을 걷다가 달리는 차 안으로 뛰어들고 싶은 충동을 느끼곤 했어요. 동생에게 폭행당해서 지금도 몸이 너무 안 좋아요."

"어머님의 대처가 어이없네요. 그리고 왜 맞고 있었어요. 바로 집 밖으로 뛰쳐나와야지. 벌써 몇 년째 동생의 폭행을 받아들였다는 것은 누나로서 정말 큰 잘못을 한 거예요. 첫째는 동생에게 맞았다는 자괴감에 정신적 상처를 계속 만들었고, 동생에게 나쁜 습관을 만들어주고 있었어요. 누군가를 때림으로써 스트레스를 푸는 경향이 있는 동생이 누나를 상습적으로 폭행하면서 그 성향을 증폭시켜 왔을 거예요. 앞으로 여자와 데이트할 때 같은 행동이 반복될 가능성도 있어요."

"저도 그럴 것 같아요. 약한 여자에게만 폭력을 휘두르는 것 같아요."

"지금은 누나를 상대로 하지만 다음은 여자친구가 폭행의 대상이 되겠죠. 그래서 맞았을 당시에 누나가 집을 나오는 것이 옳은 일이었어요. 동생에게 반성할 기회를 주지 못한 거죠. 동생이 집을 나갔으니,

처음엔 미안해할지라도 나중엔 원망하는 마음이 들 거예요. 지금 엄마가 누나 때문에 동생이 집 밖에서 고생한다고 몰아가고 있잖아요."

"맞아요. 제가 몇 년 동안이나 폭행당해서 힘들었는데, 막상 동생이 집을 나가니 오히려 제가 집안 분위기를 망친 애가 되고 말았어요. 엄마는 제게 계속 동생 들어오게 하라고 설득한다니까요."

"그러게 왜 누나가 나오지 그랬어요."

"그때는 몸이 너무 아파서 병원 다니고, 막상 독립하려니 돈이 마련되지 않아서 계산만 하느라 시간이 흘렀어요."

"폭행을 행사한 동생이나 그것을 방조한 어머니는 지금 이 상황의 심각성을 깨닫고 있지 않아요. 그저 따님은 집에 있고 아드님은 나가 있다는 결과로만 판단하고 있으니까요. 동생이 들어오면 어떡할래요?"

"지금은 동생 얼굴 보면서 한 집에서 살 자신이 없어요. 그리고 엄마와 너무 부딪치고 있어요."

"그러면 일단 동생을 들어오게 하세요. 부모님의 소원이고 동생도 아직 뉘우치지 않은 것 같으니까요. 동생을 들어오게 하고, 동생이 들어오는 날 조용히 집을 나오세요. 동생에게 누나가 눈앞에서 없어질 수도 있다는 경험을 하게 해야 해요. 지금 누나 폭행 문제로 끝날 일이 아니에요. 다음에 여자를 만났을 때를 생각하세요. 소중한 사람을 때리면 눈앞에서 사라진다는 경험을 하게 하세요. 그렇지 않으면 화난다고 여자를 폭행한 후 미안하다고 빌고 또 폭행하는 일을 반복하게 돼요. 그동안 그래왔잖아요."

"맞아요. 지금까지 그래왔어요. 저는 저만 당한다 생각했는데, 여자를 만나면 분명히 그럴 가능성이 높다는 것을 깨달았어요."

"지금 그 가족은 오랫동안 가족에게 행한 폭행이 얼마나 잘못된 것인지 인지하고 있지 않아요. 그저 누나가 참지 그랬냐는 식으로, 정작 폭행을 행한 동생에게 어떤 경고도 없잖아요. 심지어 경찰에 신고하려는 따님을 말리는 부모잖아요."

"왜 제가 집을 나와야 하는지 확실하게 알았어요. 저는 독립하기 위한 돈 걱정만 했는데, 그보다 근본적인 문제가 있었네요."

"그렇죠. 사람은 꽃으로도 때리지 말라 했어요. 그런데 몇 년 동안 누나를 상습적으로 때려왔다는 사실이 얼마나 큰일인지 정작 가족들이 인식하지 못하고 있어요. 그 성향이 나중에 데이트 폭력이나 가정 폭력으로 이어질 수 있다는 심각성을 인지하지 못하고 있어요. 무엇보다 지금 피해자인 누나의 정신과 몸이 피폐해져 가고 있다는 것조차 인정하지 못하고 있어요."

"그래요. 정말 동생을 칼로 죽이는 상상을 수도 없이 했어요. 그런데도 엄마는 남동생 앞길 막는다며 신고조차 못하게 했어요. 아빠는 아예 이런 사실을 전혀 모르시고요. 꼭 아빠 없을 때만 때렸거든요."

"스물다섯 살이니 독립해도 전혀 이상하지 않은 나이예요. 그 가족 모두는 폭행에 대한 경각심이 필요하고, 맞은 누나의 마음을 배려해줄 시간이 필요한 것 같아요. 그러려면 집에서 나오는 것이 옳을 것 같아요. 앞으로 동생의 폭행이 다시 없을 거란 확신이 없잖아요."

"그렇죠. 언제든지 또 그럴 수 있는 애예요. 제가 중요한 사실을 직시하지 못했네요. 우선 엄마가 그렇게 바라는 동생을 들어오게 하고 제가 나와야겠어요. 점점 제가 동생 쫓아낸 누나가 되어가는 분위기라니까요."

"폭행 피해자인 누나가 동생 쫓아낸 가해자가 되어가고 있어요. 사람들이 성폭력을 당했을 때 '여자가 처신을 잘못했으니 그런 일이 생겼겠지'라며 오히려 피해자를 비난하는 것과 같은 상황이에요. 그동안 맞고 살아온 것도 억울한 상황이잖아요. 이제 더 이상 동생에게 맞지 말고 일단 집을 나오세요."

"이제 제 상황이 선명하게 드러나는군요. 뭔가 답답했는데, 왜 그런 줄 알게 되었어요."

사주가 주는 위로

사주를 제대로 파악하려면 내 것뿐만 아니라 부모, 형제자매, 배우자, 자식의 사주까지 살펴야 합니다. 그들과 언제, 어떤 일로 서로에게 영향을 주고받는지 살펴야 합니다. 한 사람을 제대로 이해하려면 가족의 사주까지도 필요합니다.

사주에서 아버지는 '편재', 어머니는 '정인', 형제자매는 '비견', '겁재', 남편은 '정관', 아내는 '정재', 자식은 '식상'으로 부릅니다. 현실세계의 인간관계를 배속해 놓았습니다.

같은 해, 월, 일, 시에 태어나 사주가 같은 사람도 현실세계로 오면 첫 번째 인간관계인 부모가 다릅니다. 부모는 태어나서 우리가 처음 만나는 세상입니다. 부모의 양육 방법에 따라 우리는 절대적인 영향을 받습니다.

같은 부모에게서 태어났지만 나와는 너무나 다른 인생의 재료를 갖고 있는 형제자매가 있습니다. 경제적·심리적 독립 전까지 나와 경쟁하고 협력하는 존재들입니다. 그들의 영향력은 우리의 초년 운에 영향을 미칩니다. 결국 가정 안에 있는 사람들이 나의 첫 운명을 좌우합니다. 그만큼 소중한 존재들입니다.

가정은 사회를 이루는 가장 작은 단위입니다. 사람은 가정의 울타리 안에서 자라고 배우고 미래를 준비합니다. 밖에서 지친 몸과 마음이 쉴 곳도 가정입니다. 가정은 세상에서 가장 안전해야 할 곳입니다.

모든 행복은 가정 안에서 시작합니다. 모든 성공은 가정으로부터 비롯됩니다. **가정을 통해 찾아가는 행복이라면 비록 작은 행복이더라도 우리는 지킬 만한 가치가 있습니다. 작은 행복은 큰 성공의 실현입니다.**

맺음말

9시 가게 장사 운과 가게 아이템을 변경하면 잘되겠는가, 아들이 직장
   에 계속 다니겠는가.

11시 30분 부부싸움을 했는데 이혼 운이 있는가, 어떻게 하면 아내랑 화
   해할 수 있는가.

12시 고2 아들의 진로 선택은 어찌 해야 할까, 서울로 대학 진학은 가
   능한가.

13시 특목고 진학 후 고2 딸의 학업 어려움, 진로 선택, 남편 사업 변경,
   재물 운은 어떤가.

15시 딸이 투자한 돈이 쉽게 회수될까, 남편의 사업은 잘되겠는가, 사
   업자금은 잘 돌아가겠는가.

16시 (전화상담) 오늘 처음 만난 남자와 인연은 어떤가.

16시 30분 (전화상담) 아들에게 좋은 시험 날짜를 뽑아 달라.

17시 (전화상담) 집 매매는 언제쯤 될까, 며느리 출산이 빠를 것 같은데 괜찮을까.

18시 (전화상담) 개업식에 들어온 조화는 어떻게 처리해야 하는가.

19시 (전화상담) 파산신청을 해놓았는데 진행이 잘되겠는가, 재물 운은 언제쯤 풀릴까.

2019년 5월 29일 하루 상담 일지를 적어본다. 비탈지지 않은 평지는 없다. 멀리서 보면 평지처럼 보여도 가까이 가보면 언덕도 있고 비탈도 있다. 인생길에는 오르막도 있고 내리막도 있다. 밖에서 보면 다른 사람들은 다 행복해 보이고 편안해 보이지만, 안으로 들어가면 그들도 다 각자의 고민을 안고 살아간다.

사람들의 고민을 운명이라는 테두리 속에서 사주라는 도구로 해석해 본다. 사람들의 이야기를 들어주고, 사주를 통해 문제 해결 방안을 찾아본다. 조심스럽게 조언도 해본다. **사주는 어떤 고민도 나름의 답으로 문제를 풀어준다. 사주가 제시한 문제 해결 방향이 꼭 맞는다고 할 수는 없다. 다만 다양한 선택지 중에서 그나마 선택의 폭을 좁힐 수 있고, 조언을 들으면서 생각을 정리해 볼 수 있다.**

사주를 알면 내가 모르던 나를 알 수 있다. 받아들일 수 있게 된다.

사주를 알면 나아갈 것인가, 물러설 것인가, 기다릴 것인가, 때를 알 수 있다.

사주를 알면 타인을 이해할 수 있다. 남편, 아내, 부모, 자식을 이해하고 나를 돌아볼 수 있다.

사주를 알면 인생의 고민 속에서 헤매는 시간을 줄일 수 있다.

사주를 알면 대비할 수 있고, 준비할 수 있다.

오늘도 사주를 통해 많은 사람들의 고민과 어려움, 그리고 삶을 들여다보았다. 잘 나가는 사람을 부러워하거나 시기할 필요가 없다. 힘들다고 움츠려들거나 주눅들 필요도 없다. 누구나 네 개의 기둥을 똑같이 가지고 살아갈 뿐이다. 사주 속 삶일 뿐이다. **남과 나를 비교하지 말고, 걱정과 근심보다는 자신을 믿고 인생을 살다 보면 복은 찾아올 것이다.** 모든 인생은 거의 비슷하다.

운명의 블랙박스

초판발행 | 2019년 8월 23일

지은이 | 김희숙
일러스트 | 최정훈

펴낸이 | 김제구
펴낸곳 | 리즈앤북
본문·표지 디자인 | 안승철
인쇄·제본 | 한영문화사

출판등록 제2002-000447호
주소 121-842 서울시 마포구 잔다리로 77 대창빌딩 402호
전화 02) 332-4037
팩스 02) 332-4031
이메일 ries0730@naver.com

ISBN 979-11-86349-90-8 03190